新时代内蒙古地区大学师德建设研究

赵荣辉◎著

中国纺织出版社有限公司

内 容 提 要

本书结合新时代内蒙古地区大学师德建设的实际，着力把握内蒙古地区大学师德建设的现状，在此基础上，深入探究内蒙古地区大学师德建设存在的问题。结合实际调查与理论分析，发现内蒙古地区大学师德建设存在缺乏观念先导、缺乏制度保障、缺乏奖惩机制以及缺乏机构建制等现实问题，这些问题在一定程度上制约了内蒙古地区大学师德建设工作的深入展开与全面实践。在揭示内蒙古地区大学师德建设存在问题的前提下，结合具体问题全面辨析内蒙古地区大学师德建设现存问题背后的原因，力求把握问题背后的根本缘由，以辨明问题的症结所在，进而为内蒙古地区大学师德建设未来的取向提供有力支撑。

图书在版编目（CIP）数据

新时代内蒙古地区大学师德建设研究 / 赵荣辉著. -- 北京：中国纺织出版社有限公司，2023.8
ISBN 978-7-5229-0738-3

Ⅰ.①新… Ⅱ.①赵… Ⅲ.①高等学校－师德－研究－内蒙古 Ⅳ.① G645.16

中国国家版本馆 CIP 数据核字（2023）第 125981 号

责任编辑：段子君　　责任校对：高　涵　　责任印制：储志伟

中国纺织出版社有限公司出版发行
地址：北京市朝阳区百子湾东里 A407 号楼　邮政编码：100124
销售电话：010—67004422　传真：010—87155801
http://www.c-textilep.com
中国纺织出版社天猫旗舰店
官方微博 http://weibo.com/2119887771
天津千鹤文化传播有限公司印刷　各地新华书店经销
2023 年 8 月第 1 版第 1 次印刷
开本：710×1000　1/16　印张：12.75
字数：175 千字　定价：99.00 元

凡购本书，如有缺页、倒页、脱页，由本社图书营销中心调换

前言

人无德不立，品德是为人之本。教师的人格力量和人格魅力是教育成功的重要条件。教师的职业特性决定了教师必须是道德高尚的人群。合格的教师应该是道德上的合格者，好老师应该是以德施教、以德立身、以德立行的楷模。师者为师亦为范，学高为师，德高为范。

大学教师作为大学的主体，承载着大学神圣的育人使命。大学教师的道德状况反映了大学的道德状态，关系大学的道德水平，影响大学的道德文明。基于此，在大学师德建设过程中，要通过多种方式引领大学教师"涵养品性，积善成德；反求诸己，生成道德；实践磨砺，成就道德"，将大学教师的道德建设逐步引向深入，不断丰富大学教师的道德素养，提升大学教师的道德境界，使大学教师成为先进思想文化的传播者，更好地担起学生健康成长的指导者和引路人的责任。

本书结合新时代内蒙古地区大学师德建设的实际，着力把握内蒙古地区大学师德建设的现状，在此基础上，深入探究内蒙古地区大学师德建设存在的问题。结合实际调查与理论分析，发现内蒙古地区大学师德建设存在缺乏观念先导、缺乏制度保障、缺乏奖惩机制以及缺乏机构建制等现实问题，这些问题在一定程度上制约了内蒙古地区大学师德建设工作的深入展开与全面实践。在揭示内蒙古地区大学师德建设存在问题的前提下，结合具体问题全面辨析内蒙古地区大学师德建设现存问题背后的原因，力求把握问题背后的根本缘由，以辨明问题的症结所在，进而为内蒙古地区大学师德建设未来的取向提供有力支撑。

在明确了内蒙古地区大学师德建设存在的问题及其背后原因的基础上，我们需要明确内蒙古地区大学师德建设的主旨，以把握本地区大学师德建设的核心要义。新时代内蒙古地区大学师德建设的主旨在于引导内蒙古地区大学教师由他律走向自律、提升内蒙古地区大学教师的道德品质、塑造内蒙古地区大学教师的实践智慧以及丰富内蒙古地区大学的德性品质，进而营造良好的大学道德氛围，为大学教育事业的发展提供充分的道德保障。

在领会了内蒙古地区大学师德建设主旨的背景下，进一步阐释新时代内蒙古地区大学师德建设的缘起。新时代对大学教师的要求、实现大学育人目标的迫切需要、塑造大学教师道德信仰的需求、引导大学教师追寻道德的善以及提升大学教师的道德品质的渴望，都促使我们必须不断推进内蒙古地区大学师德建设实践，进而不断优化内蒙古地区大学师德建设工作，不断提高内蒙古地区大学师德建设工作水平，使内蒙古地区的大学更好地承载立德树人根本任务的现实需要。

新时代内蒙古地区大学师德建设的内容主要涉及"大学个体的道德品质、大学个体的道德义务和大学个体的道德原则"三个维度。探讨内蒙古地区大学师德建设的内容，能够明确内蒙古地区大学师德建设的维度，为内蒙古地区大学师德建设找准定位，指明未来发展的方向，进而把握内蒙古地区大学师德建设工作的核心，切实将内蒙古地区大学师德建设工作真正做实做透。

内蒙古地区大学师德建设的关键在于行动，在于真正地实践，因此，在结合上述研究的基础上，继续探索新时代内蒙古地区大学师德建设的实践路径。力求通过强化大学的道德领导、维护大学教师的道德权利、培育大学教师的公共精神等，全面推进新时代内蒙古地区大学师德建设工作逐步走向深入，以期通过多方的共同努力，不断提升新时代内蒙古地区大学师德建设的内涵，不断充实内蒙古地区大学教师的道德生活，不断升华内蒙古地区大学教师的师德境界。

总之，内蒙古地区的大学教师要自觉加强自我的道德建设，坚持教书和育人相统一,坚持言传和身教相统一,坚持潜心问道和关注社会相统一,坚持学术自由和学术规范相统一,坚持以德立身、以德立学、以德施教,在育人过程中,展现个人的职业理想,体现内在的精神追求,实现自我的人生价值。

赵荣辉

2021 年 12 月 6 日

目录

绪　论 　　1

一、研究背景 　　1

　　（一）新时代对大学教师的期待 　　1

　　（二）优化大学道德生活秩序的要求 　　2

　　（三）做党和人民满意的好老师的需要 　　3

二、概念界定 　　4

　　（一）大学 　　4

　　（二）师德 　　10

　　（三）大学师德 　　10

　　（四）大学师德建设 　　11

三、研究综述 　　12

　　（一）国内相关研究 　　12

　　（二）国外相关研究 　　19

四、研究意义 　　24

　　（一）学术价值 　　24

（二）应用价值　　25

五、研究思路　　28

六、研究方法　　29
　　　（一）文献法　　29
　　　（二）调查法　　29
　　　（三）哲学思辨法　　30

第一章　新时代内蒙古地区大学师德建设现状　　31

一、内蒙古地区大学师德建设取得的成效　　31
　　　（一）坚持党的领导，拥护党的路线、方针和政策　　31
　　　（二）打造了一大批优质的大学教师团队　　32
　　　（三）促进了民族团结进步教育　　33
　　　（四）强化了中华民族共同体意识　　34

二、内蒙古地区大学师德建设存在的问题　　35
　　　（一）大学师德建设意识缺乏　　35
　　　（二）大学公共道德建设弱化　　35
　　　（三）大学道德建设契约缺失　　36
　　　（四）大学师德建设组织缺位　　36

三、内蒙古地区大学师德建设问题背后的原因分析　　37
　　　（一）内部与外部压力的冲击　　37
　　　（二）职业认同感相对不强　　38
　　　（三）师德管理制度不够健全　　38

（四）师德评价监督体系不够完善　　39
（五）师德养成意识存在缺失　　40

第二章　新时代内蒙古地区大学师德建设的主旨　　41

一、引导内蒙古地区大学教师由他律走向自律　　41
（一）明确大学师德建设的目标　　41
（二）培育大学教师的道德选择力　　42
（三）营造大学的道德氛围　　43

二、提升内蒙古地区大学教师的道德品质　　44
（一）强化大学教师的道德自觉性　　44
（二）丰富大学教师的德性　　45
（三）涵养大学教师的人性　　46

三、塑造内蒙古地区大学教师的实践智慧　　48
（一）明智　　48
（二）责任　　50
（三）行动　　51
（四）幸福　　52

四、丰富内蒙古地区大学的德性　　54
（一）净化大学的道德风气　　54
（二）维护大学的道德生活秩序　　55
（三）提升大学的道德文明　　56

第三章　新时代内蒙古地区大学师德建设的缘起　　59

一、新时代对大学教师的要求　　59

（一）引导大学教师趋向道德状态　　59
（二）引导大学教师趋向道德自律　　60
（三）引导大学教师维护道德权利　　61

二、实现大学育人目标的迫切需要　　61

（一）塑造学生的道德榜样　　61
（二）构建良好的师生关系　　62
（三）增强教师的道德使命感　　62

三、塑造大学教师道德信仰的需求　　63

（一）塑造内在信仰　　63
（二）坚守道德信仰　　64
（三）培育道德理性　　66

四、引导大学教师追寻道德善的指向　　68

（一）培育大学教师追寻至善的意识　　68
（二）塑造大学教师追寻至善的信念　　68
（三）刻画大学教师追寻至善的行动　　69

第四章　新时代内蒙古地区大学师德建设的内容　　71

一、大学个体的道德品质　　71

（一）大学学者的道德品质　　71

（二）大学教师的道德品质　　　　　　　　　　77
　　（三）大学行政人员的道德品质　　　　　　　　83

二、大学个体的道德义务　　　　　　　　　　　　89
　　（一）大学学者的道德义务　　　　　　　　　　89
　　（二）大学教师的道德义务　　　　　　　　　　95
　　（三）大学行政人员的道德义务　　　　　　　　105

三、大学个体的道德原则　　　　　　　　　　　　107
　　（一）大学学者的道德原则　　　　　　　　　　107
　　（二）大学教师的道德原则　　　　　　　　　　111
　　（三）大学行政人员的道德原则　　　　　　　　117

第五章　新时代内蒙古地区大学师德建设的路径　　123

一、强化大学的道德领导　　　　　　　　　　　　123
　　（一）大学领导要不忘初心，着眼于根本改变大学的未来命运　124
　　（二）大学领导要坚持以大学教师为中心，呈现独特的领导风格　125
　　（三）大学领导要发挥道德表率的作用，真正促进大学的有序
　　　　　发展　　　　　　　　　　　　　　　　127
　　（四）大学领导要实施愿景式领导，构筑大学美好的明天　127

二、维护大学教师的道德权利　　　　　　　　　　128
　　（一）维护大学教师的行为选择自由权　　　　　129
　　（二）维护大学教师的人格平等权　　　　　　　129
　　（三）维护大学教师的公正评价权　　　　　　　130
　　（四）维护大学教师的主体权利　　　　　　　　131

三、建立大学的道德赏罚机制　　131

（一）鼓励道德行为，惩戒非道德行为，完善大学道德赏罚机制　132

（二）提倡道德激励，明确利益诉求，优化大学道德赏罚机制　133

（三）重视道德反馈，强化道德教育，健全大学道德赏罚机制　134

（四）确立道德标准，摒弃道德虚无，构筑大学道德赏罚机制　135

四、健全大学师德建设长效机制　　135

（一）完善大学师德建设考评机制　136

（二）成立师德建设工作组织机构　136

（三）优化大学师德培训长效机制　137

五、培育大学教师的公共精神　　137

（一）引导大学教师平等地交往　138

（二）鼓励大学教师自由地言说　141

（三）引领大学教师理智地行动　144

结语：共筑大学教师的精神家园　　147

参考文献　　151

附　录　　159

后　记　　191

绪　论

一、研究背景

（一）新时代对大学教师的期待

党的十九大报告提出了中国发展新的历史方位——中国特色社会主义进入了新时代。中国特色社会主义进入新时代，意味着近代以来久经磨难的中华民族实现了从站起来、富起来到强起来的伟大飞跃，迎来了实现中华民族伟大复兴的光明前景；意味着科学社会主义在21世纪的中国焕发出强大生机活力，在世界上高举起了中国特色社会主义伟大旗帜；意味着中国特色社会主义道路、理论、制度、文化不断发展，拓展了发展中国家走向现代化的途径，给世界上那些既希望加快发展又希望保持自身独立性的国家和民族提供了全新选择，为解决人类问题贡献了中国智慧和中国方案。

经过长期努力，中国特色社会主义进入了新时代，这是我国发展新的历史方位。这个新时代，是承前启后、继往开来、在新的历史条件下继续夺取中国特色社会主义伟大胜利的时代，是全面建成小康社会向着全面建成社会主义现代化强国的时代，是全国各族人民团结奋斗、不断创造美好生活、逐步实现全体人民共同富裕的时代，是全体中华儿女勠力同心、奋力实现中华民族伟大复兴中国梦的时代，是我国日益走近世界舞台中央、不断为人类作出更大贡献的时代。

中国特色社会主义进入新时代，我国社会主要矛盾已经转化为人民日益增长的美好生活需要和不平衡不充分发展之间的矛盾，体现在高等教育领域就是人民对美好大学教育的需要。优质高等教育需要优秀大学教师的支撑，没有师德高尚的大学教师,就没有优质的高等教育。党的十九大报告强调要加强师德师风建设,培养高素质教师队伍,倡导全社会尊师重教。在此大背景下,内蒙古地区必须加强大学师德建设,契合新时代的要求,引导广大大学教师自觉强化自身的道德修为,展现出应有的道德风貌,以承载新时代赋予的新使命。

(二)优化大学道德生活秩序的要求

大学道德生活秩序是指大学行为的价值体系或规范体系,是大学内部多重关系在意识形态的交往中表现出来的特征,包括道德价值、道德规范、制度体系等。大学道德生活秩序是大学应当享有的一种生活,因为大学的生活应当是道德的生活。大学的道德被视为大学文明的内在尺度。无数历史事实说明,缺乏道德滋养,大学的成长便缺乏稳固的根基;缺乏道德支撑,大学的精神世界就会枯萎甚至坍塌。道德的力量能够为大学的稳固发展打下坚实的基础。大学道德作为大学文明的基石,无时无刻不在潜移默化地浸染着大学的心田,塑造着大学的精神,陶铸着大学的灵魂,促进着大学秩序的和谐。在大学发展中,道德始终是一种重要的力量,通过塑造大学教师的道德人格,培养大学教师的道德品性,树立大学教师的道德理想,凝聚大学教师的道德力量,进而转变大学教师的思维,平和大学教师的心态,促成大学教师的共识,以构建秩序和谐的大学生活世界。

大学师德既体现了大学生活世界的条理与秩序,又保证了大学的和谐与温馨。大学师德建设能够引导大学教师在大学共同体中互相尊重,重视礼仪,遵守规则,使大学教师的内心清静,恪守外在的行为规范,促进大学教育共同体的和谐发展。大学通过持续推进大学师德建设,建构规范的大学道德体系,塑造大学教师的道德行为,就能达至应有的师德境界,成就大学的道德理想,构建良好的大学道德生态系统。

但受各种因素的侵蚀,大学的道德生态系统遭到了破坏,出现了不和谐、不遵守道德准则、缺乏道德秩序等现象,致使大学内部道德系统出现问题,阻碍了大学道德的发展。因此,为了重构大学的道德生态系统,必须强化大学师德建设。通过深入推动大学师德建设,丰富大学的道德素养,提高大学的道德水平，进而优化大学的内部结构，厘顺大学的利益关系，明确大学的道德使命，促进大学道德秩序的和谐，逐步完善大学的道德生态系统，提升大学的道德文明。

（三）做党和人民满意的好老师的需要

习近平总书记指出："教育是提高人民综合素质，促进人的全面发展的重要途径，是民族振兴、社会进步的重要基石，是对中华民族伟大复兴具有决定性意义的事业。教师是人类历史上最古老的职业之一，也是最伟大、最神圣的职业之一。人们常说：'教师是太阳底下最崇高的职业。'自古以来，中华民族就有尊师重教、崇智尚学的优良传统，正所谓'国将兴，必贵师而重傅；贵师而重傅，则法度存'。在古代，孔子被推崇为'大成至圣先师'，被誉为'万世师表'。

"邓小平同志曾经指出：'一个学校能不能为社会主义建设培养合格的人才，培养德智体全面发展、有社会主义觉悟的有文化的劳动者，关键在教师。'教师重要，就在于教师的工作是塑造灵魂、塑造生命、塑造人的工作。一个人遇到好老师是人生的幸运，一个学校拥有好老师是学校的光荣，一个民族源源不断涌现出一批又一批好老师则是民族的希望。国家繁荣、民族振兴、教育发展，需要我们大力培养造就一支师德高尚、业务精湛、结构合理、充满活力的高素质专业化教师队伍，需要涌现一大批好老师。

"做好老师，要有道德情操。老师的人格力量和人格魅力是成功教育的重要条件。'师也者，教之以事而喻诸德者也。'老师对学生的影响，离不开老师的学识和能力，更离不开老师为人处世、于国于民、于公于私所持的价值观。一个老师如果在是非、曲直、善恶、义利、得失等方面老出问题，怎么能担起立德树人的责任？广大教师必须率先垂范、以身作则，引导和帮助学生把握好人生方向，特别是引导和帮助青少年学生扣好人生的第一粒扣子。

"师德是深厚的知识修养和文化品位的体现。师德需要教育培养，更需要老师自我修养。做一个高尚的人、纯粹的人、脱离了低级趣味的人，应该是每一个老师的不懈追求和行为常态。好老师要有"捧着一颗心来，不带半根草去"的奉献精神，自觉坚守精神家园、坚守人格底线，带头弘扬社会主义道德和中华传统美德，以自己的模范行为影响和带动学生。好老师的道德情操最终要体现到对所从事职业的忠诚和热爱上来。好老师应该执着于教书育人。我们常说干一行爱一行，做老师就要热爱教育工作，不能把教育岗位仅仅作为一个养家糊口的职业。有了为事业奋斗的志向，才能在老师这个岗位上干得有滋有味，干出好成绩。如果身在学校却心在商场或心在官场，在金钱、物欲、名利同人格的较量中把握不住自己，那是当不好老师的。

"老师要有'衣带渐宽终不悔，为伊消得人憔悴'的精神，兢兢业业做好工作。做老师，最好的回报是学生成人成才，桃李满天下。想想无数孩子在自己的教育下学到知识、学会做人、事业有成、生活幸福，那是何等让人舒心、让人骄傲的成就。

"好老师不是天生的，而是在教学管理实践中、在教育改革发展中锻炼成长起来的。衷心祝愿每个教师都能成为符合党和人民要求、学生喜欢和敬佩的好老师。

"'三寸粉笔，三尺讲台系国运；一颗丹心，一生秉烛铸民魂。'今天的学生就是未来实现中华民族伟大复兴中国梦的主力军，广大教师就是打造这支中华民族'梦之队'的筑梦人。"

因此，大学教师必须要把全部精力和满腔真情献给高等教育事业，在辨明是非、教书育人以及授业解惑中不断开创教育事业的美好未来。

二、概念界定

（一）大学

"大学"一词源于拉丁文"Universitas"，其最初的含义是"学生公会"或"教师公会"。大学作为一种社会建制，最初很大程度上是民间的甚至是自发的。13世纪初的巴黎是此种意义上的"Universitas"的集中地。（1231

年，教皇发布诏书《学问之母》，承认大学有权制定自己的规章、规则、课程设置和标准学位，被认为是巴黎大学的"大宪章"，而巴黎大学也因此被看作最早的作为一种正式建制的大学之一。)❶洪堡关注大学创造知识的功能。曾任英国都柏林天主教大学校长的纽曼（John H. Newman）认为大学"是一个传授普遍知识的地方"❷，"理智训练以及大学教育的真正而且充分的目的不是学问或学识，而是建立在知识基础上的思想或理智，抑或称之为哲学体系"❸，"大学教育是通过一种伟大而平凡的手段去实现一个伟大而平凡的目的"❹。

康德（1798）在《学部冲突》中将大学定位为"学术共同体"（learned community）。之后的纽曼（1852）系统论述了大学的本质和理念，认为大学是一个提供博雅教育、培育绅士、培养具有哲学性人才的地方，大学应提倡通识教育，大学的目的在于"传授"学问、培养理性，而不是发展知识。雅斯贝尔斯（1991）也强调大学的知识传承本质，认为大学承载了"研究、教学和专业知识课程""教育与教养""生命的精神交往"以及"学术"四项基本任务。

曾任密歇根大学校长的杜德斯达认为："大学不仅仅是知识的加工厂，还是一个以传统经久不衰的价值观为基础的复杂的机构""大学不仅是知识的守望者，也是价值观、传统和社会文化的守护神""大学不只在于教育和发现，也在于向现存秩序发出挑战并促其改革"❺。弗莱克斯纳认为："人类的智慧至今尚未设计出任何可与大学相比的机构。""在这动荡的世界里，除了大学，在哪里能够产生理论，在哪里能够分析社会问题和经济问题，在哪里能够理论联系事实，在哪里能够传授真理而不顾是否受到欢迎，在哪里能够培养探究和传授真理的人，在哪里根据我们的意愿改造世界的任

---

❶ 李维安，王世权.大学治理［M］.北京：机械工业出版社，2013：22.
❷ 纽曼.大学的理想［M］.徐辉，等译.杭州：浙江教育出版社，2001：1.
❸ 纽曼.大学的理想［M］.徐辉，等译.杭州：浙江教育出版社，2001：59.
❹ 纽曼.大学的理想［M］.徐辉，等译.杭州：浙江教育出版社，2001：97.
❺ 杜德斯达.21世纪的大学［M］.刘彤，等译.北京：北京大学出版社，2005：35.

务可以尽可能地赋予有意识、有目的和不考虑自身后果的思想者呢？"❶ "如果正如霍尔丹勋爵所说的'大学是民族灵魂的反映'，那么期望大学适应一种单一的模式是荒谬的。"❷ "大学不是风向标，不能什么流行就去迎合什么。大学应不断满足社会的需求，而不是它的欲望。"❸ "大学靠的是思想，是伟人。……伟人都是个人；个人与组织永远都处于冲突之中。大学是一个组织。一方面，它不能混乱不堪；另一方面，其繁荣取决于它是否具有足够的灵活性，是否能够为不同的具有创造性的个人提供独特的、适宜的环境。"❹ 1930—1951年任芝加哥大学校长的赫钦斯认为："现代大学好似一本百科全书。"❺ "大学所要解决的是思辨的问题"❻；大学作为象征"在于它们不断地在我们眼前呈现体现对人类最高能力持久的信任的教育机构时所体现出来的永久价值"❼；"真正的大学精神，也就是纯粹为了研究对象而研究的精神""大学统一的原则是为真理而真理"❽。

布鲁贝克认为："大学是理性的堡垒，否则就不是大学。"❾ "对我们学院和大学理智领袖横加任何束缚都会葬送我们国家的未来。"❿ "大学是一个'按照自身规律发展的独立的有机体'。"⓫ "大学的存在时间超过了任何形式的政府，任何传统、法律的变革和科学思想，因为它们满足了人们

---

❶ 弗莱克斯纳.现代大学论——英美德大学研究[M].徐辉,陈晓菲,译.杭州:浙江教育出版社,2001：10.
❷ 弗莱克斯纳.现代大学论——英美德大学研究[M].徐辉,陈晓菲,译.杭州:浙江教育出版社,2001：2.
❸ 弗莱克斯纳.现代大学论——英美德大学研究[M].徐辉,陈晓菲,译.杭州:浙江教育出版社,2001：3.
❹ 弗莱克斯纳.现代大学论——英美德大学研究[M].徐辉,陈晓菲,译.杭州:浙江教育出版社,2001：20.
❺ 赫钦斯.美国高等教育[M].汪利兵,译.杭州:浙江教育出版社,2001：55.
❻ 赫钦斯.美国高等教育[M].汪利兵,译.杭州:浙江教育出版社,2001：63.
❼ 赫钦斯.美国高等教育[M].汪利兵,译.杭州:浙江教育出版社,2001：34.
❽ 赫钦斯.美国高等教育[M].汪利兵,译.杭州:浙江教育出版社,2001：33.
❾ 布鲁贝克.高等教育哲学[M].王承绪,等译.杭州:浙江教育出版社,2001：45.
❿ 布鲁贝克.高等教育哲学[M].王承绪,等译.杭州:浙江教育出版社,2001：47-48.
⓫ 布鲁贝克.高等教育哲学[M].王承绪,等译.杭州:浙江教育出版社,2001：16.

的永恒需要。在人类种种的创造中，没有任何东西比大学更经受得住漫长的吞没一切的时间历程的考验。"❶ "最好的大学是最自由的大学。"❷ "大学的四个主要内容：心智的培养；以事实和逻辑证据为基础的客观性；说理的法则而不是权力的法则；广阔的个人自由幅度。"❸ 其基于形而上的维度阐发了大学的内涵。

中国古代高等学校起源于西周。《礼记·王制》："大学在郊，天子曰辟雍，诸侯曰泮宫。"孙诒让《周礼正义》第四十二卷"成均"疏："周大学之名，见此经者唯成均，见于《礼记》者则又有辟雍、上庠、东序、瞽宗。东序亦曰东胶，与成均为五学，皆大学也。……今通校诸经涉学制之文，知周制国中为小学，在王宫之左；南郊为五学，是为大学。辟雍即大学，在郊，与四学同处，殆无疑义。"自汉武帝以后历代设立的太学、国子学、国子监等都属于大学。

《大学》为《礼记》篇名，论大学教育，约成于战国末年或秦汉之际，一说曾子作。宋朱熹从《礼记》中抽出此篇，与《中庸》《论语》《孟子》合称"四书"，撰《四书章句集注》。序言引"程子曰：'《大学》，孔氏之遗书，而初学入德之门也。于今可见古人为学次第者，独赖此篇之存，而《论》《孟》次之。学者必由是而学焉，则庶乎其不差矣。'"从此提高了它在儒家经典中的地位，成为学校通用的教科书，为应科举考试者所必读。其思想属于思孟学派，也有荀学的影响。以"明德""亲民""止于至善"为总纲，以"格物""致知""诚意""正心""修身""齐家""治国""平天下"为步骤（旧称为"三纲领""八条目"）。把从个人修养到政治实践看作大学教育的统一过程。认为"物格而后知至，知至而后意诚，意诚而后心正，心正而后身修，身修而后家齐，家齐而后国治，国治而后天下平"。强调"壹是（一切）皆以修身为本"，"其本乱而末治"是不可能的。在道德标准上，谓"为人君，止于仁；为人臣，止于敬；为人子，止于孝；为人父，

---

❶ 布鲁贝克.高等教育哲学[M].王承绪，等译.杭州：浙江教育出版社，2001：30.
❷ 布鲁贝克.高等教育哲学[M].王承绪，等译.杭州：浙江教育出版社，2001：34.
❸ 布鲁贝克.高等教育哲学[M].王承绪，等译.杭州：浙江教育出版社，2001：10.

止于慈；与国人交，止于信"。要求克制偏私情感，"好而知其恶，恶而知其好"。尤重"慎独""毋自欺"，表里一致，"诚于中，形于外"，以曾参之言"十目所视，十手所指"为训戒。与此同时，阐述了教育效果和政治效果，其认为："有诸己而后求诸人，无诸己而后非诸人。所藏乎身不恕，而能喻（晓喻，即教育）诸人者，未之有也。"❶

《实用教育大词典》：大学是实施高等教育的机构之一。主要进行本科及本科以上层次的全日制高等教育，也提供一定的各级各类非全日制高等教育及某些全日制专科教育。在中国，国家规定须符合以下条件者方能称之为大学：①主要培养本科及本科以上人才；②在文科（含文学、历史、哲学、艺术）、政法、财经、教育（含体育）、理科、工科、农林、医药等8个学科门类中，以3个以上不同学科为主要学科；③具有较强的教学、科研力量和较高的教学、科学研究水平；④全日制大学在校生计划规模在5000人以上。但是，边远地区或有特殊需要者，经国家教育委员会批准，可不受此限制。一般招收普通中等教育毕业或具有同等学力者进行教育，修业年限一般为4年，少数大学为五年或五年以上。并招收本科毕业生或具有同等学力者进行研究生教育。❷

《中国教育百科全书》：大学是高等学校种类之一。主要培养本科及本科以上专门人才，在文科（含文学、历史、哲学、艺术）、政法、财经、教育（含体育）、理科、工科、农林、医药等八个学科门类中，以3个以上不同学科为主要学科，具有较强的教学、科学研究力量和较高的教学、科学研究水平，全日制大学在校生计划规模在5000人以上的学校。在我国有综合大学，如北京大学、清华大学、中国人民大学等；专科大学按同一类专业设校，如工业大学、农业大学、师范大学。❸

蔡元培先生认为："大学者，研究高深学问者也"❹；"大学是研究学

---

❶ 教育大辞典编纂委员会.教育大辞典（第8卷）[Z].上海：上海教育出版社，1991：21.
❷ 王焕勋.实用教育大词典[Z].北京：北京师范大学出版社，1995：51.
❸ 中国教育百科全书编委会.中国教育百科全书[M].北京：海洋出版社，1991：108.
❹ 高平叔.蔡元培全集（第3卷）[M].北京：中华书局，1984：5.

理的机关"❶;"所谓大学者为共同研究学术之机关"❷;"大学为纯粹研究学问之机关"❸;"大学者,'囊括大典,网罗众家'之学府也。《礼记·中庸》曰:'万物并育而不相害,道并行而不相悖。'足以形容之。如人身然,官体之有左右也,呼吸之有出入也,骨肉之有刚柔也,若相反而实相成。各国大学,哲学之唯心论与唯物论,文学、美学之理想派与写实派,计学之干涉论与放任论,伦理学之动机论与功利论,宇宙论之乐天观与厌世观,常樊然并峙于其中,此思想自由之通则,而大学之所以为大也"。❹梅贻琦先生认为,就其所在地言之,大学俨然为一方教化之重镇,而就其声教所暨者言之,则充其极可以为国家文化之中心,可以为国际思潮交流与朝宗之汇点。大学机构自身正复有其新民之效;所谓大学者,非谓大楼之谓也,有大师之谓也。大学是学术殿堂,它研究高深学问,发展和传授知识;大学是专业教育机构,它实施高等专业教育计划,培养专家和专门人才;大学是社会服务机构,它介入地区和国家的社会生活和经济生活,并为之服务;大学是岗位培训站,它通过各种形式的教育和教学,培训适应各类职业岗位的人员,使他们能够胜任本职工作或适应工种变换。

对大学本质的追问是探讨大学师德的基础。已有研究从不同角度阐发了大学的内涵,国内研究主要基于大学的宗旨、影响等视角,国外研究主要基于大学功能的视角。现代大学好似一本百科全书,内涵十分丰富,那么,我们应基于何种视角来探讨大学师德建设?是将大学视为学术的殿堂,理性的堡垒,还是将大学看作传授知识,培育人才的社会组织?为了更好地体现大学的价值取向,彰显大学的精神品性,本研究在借鉴已有研究的基础上,将大学视作一个秉持共同的教育价值取向,承担共同的教育伦理责任,具有一致的教育理想信念,人性的、道德的、和谐的教育共同体。以此为视角,针对现代大学中的师德问题进行探讨。教育共同体既是大学师德建设的出发点,

---

❶ 高平叔. 蔡元培全集(第3卷)[M]. 北京: 中华书局, 1984: 344.

❷ 高平叔. 蔡元培全集(第3卷)[M]. 北京: 中华书局, 1984: 210.

❸ 高平叔. 蔡元培全集(第3卷)[M]. 北京: 中华书局, 1984: 191.

❹ 高平叔. 蔡元培全集(第3卷)[M]. 北京: 中华书局, 1984: 211-213.

又是大学师德建设的归宿点，大学师德建设就是要提升现代大学的道德品性，引导现代大学逐步成为德性充沛的教育共同体。

（二）师德

师德是教师这个职业应当具备的道德素养。师德是教师的根本象征，是教师职业的灵魂。教师无德不立，德为教师的根基。"师者，所以传道、授业、解惑也""学而不厌，诲人不倦""为人师表，教学相长""学高为师，身正为范"。蔡元培要求教师既要知识渊博，又要谦虚正直，自己的行为要能成为别人的模范。陶行知先生提出第一流的教授必须有两种要素，即真知灼见和肯说真话，敢驳假话，不说狂话。

师德既表现为教师内在的道德素养，也展现了教师群体的精神风貌和工作状态；既是对教师的自我规约，也是教师自我提升的方式；既有外在的表现形式，也有内在的精神实质。外在的表现即师德规范，是对教育关系中的道德关系的概括和总结，又是评判教师行为的道德准则，体现出社会对教师职业行为的约束作用。师德的内在精神实质是教师人格和职业信仰。外在形式与内在精神互为表里，两者统一于教师的专业化成长过程中。

教师作为一个特殊的职业，理应具备和其他职业不一样的道德素质。教师在传道、授业、解惑的过程中，无形之中呈现出自身的道德状态。教师在教育教学过程中要自觉遵守相应的道德规范，践行相应的道德准则，恪守相应的道德行为。教师只有自觉强化自身的道德养成，才能不断提升自身的专业素养，才能真正全身心地投入教育事业中，才能为学生的全面发展提供持续的助力。

（三）大学师德

大学师德，也就是大学教师的职业道德，是大学教师必须遵循的道德信念、道德情感、道德情操、道德意志、道德品质以及道德行为等。大学师德是大学教师职业的根本要求，是大学教师的立足之本。大学师德的内涵将伴随时代的演进不断更新和丰富。当代大学师德的内涵，既超出了教师职业的局限，又超出了一般职业道德的范畴。大学教师是一种特殊的职业，在社会上承载着特殊的身份。他们不仅要传道、授业与解惑，而且要用先进的思想和高尚的道德情操培育新时代的高素质人才，这就需要大学教师不断加强自身的道德建设，提高自身的道德情操，成为师德的典范。大学师德是大学教师应该具备的道德素养、道德能力、道德理想与道德精神。大学师德是大学教师必须具备的内在素养，是大学教师的根本象征。

（四）大学师德建设

大学教师要懂得自我的身份、自我的象征、自我的标识；要懂得自我的权利、自我的义务、自我的使命；要懂得自我的价值、自我的意义、自我的归属。苏霍姆林斯基认为："一个好教师意味着什么？首先意味着他热爱孩子，感到跟孩子交往是一种乐趣，相信每个孩子都能成为一个好人，善于跟他们交朋友，关心孩子的快乐和悲伤，了解孩子的心灵，时刻都不忘记自己也曾是个孩子。"[1]大学教师应当精通自己所教的科目据以建立的那门科学，热爱那门科学，并了解它的最新研究成果。

大学师德是大学教师必须遵循的行为规范和道德准则的总和，是大学教师职业修养的展现。大学师德的养成既需要大学教师的自我锤炼，也需要外在的约束，通过采取有针对性的举措，开展卓有成效的大学师德建设工作。大学师德建设是提升大学师德水平的重要路径。大学师德建设主要是指通过多种渠道与方式，包括制度规范、法律约束、奖惩激励等形式，大学教师能够自觉遵守师德准则与规范，全面提升职业道德修养的过程。

大学师德建设主要是指通过多种途径，将大学师德建设内容与要求贯彻落实，实现外在的师德规范与要求内化的过程。大学师德建设是大学教师成长的重要路径，其过程既要体现大学教师职业发展的整体要求与原则，又要考虑大学教师职业的特殊性。大学师德建设是一个涉及多方面的、系统的过程，有内在鲜明的指向与明确的目标，需要协同合作，整合资源，才能高效

---

[1] 霍姆林斯基.帕夫雷什中学[M].赵玮,等译.北京：教育科学出版社,1983：21.

地展开。其中既包括价值维度追求，也涉及现实层面的师德建设内容与保障措施，其最终的落脚点是实现既定的大学师德建设目标，使大学教师的师德表现呈现出与预设目标相一致的状态。这一目标的实现需要大学师德建设的整体协调与有机配合，只有这样，方能将大学师德建设真正落到实处，切实提高大学师德建设水平，不断丰富大学师德建设的内涵，全面提升大学教师的道德素养。

三、研究综述

对教师道德或师德的研究近年来呈上升趋势。国内研究主要在 2000 年之后兴起。以"教师＊师德"为关键词，在中国社会科学引文索引数据库（CSSCI）搜索 1998—2019 年的文献，查到有文献记录 139 篇。以"教师＊道德"为关键词可检索到 263 篇文献，其中有重叠文献，以"教师＊德性"为关键词进行检索，只有 27 篇文献，以"教师＊心灵"为关键词进行检索，只有 4 篇文献。

在中国知网上用高级检索"教师＊道德＊师德＊德性"检索 1978—2019 年文献共有 1571 条，其中外文文献有 963 条，中文文献有 608 条。从两个数据库可以看到研究主题较为分散，严格的学术研究论文偏少，对教师德性的研究主要集中于职业道德规范方面和教学伦理方面，对教师的理智（认知）德性、情感德性、技艺德性较少涉及，特别是从美德伦理学的视域以及主体哲学的深度研究教师的德性较少，这说明教师的德性研究一方面需要在深度上提升思想性，加强学术性，另一方面需要在广度上拓展对教师的德性更全面完整的理解。

（一）国内相关研究

1. 教师的道德和人格研究

21 世纪以来，国内一些学者开始研究教师的道德和人格，如宋晔的《教师德性的理性思考》（教育研究，2005 年第 8 期）、戚万学的《教师专业化时代的教师人格》（教育研究，2008年第5期）、王荣德的《教师人格论》（北京：科学出版社，2001年）等。这些研究对于教师教育理论具有重要的奠基作用。但是就教师人格的德性构成方面，缺乏更多更深的研究，或者在心理学的"人格"概念上实证地研究教师的人格特征；或者把教师的人格作为师德的内容，或者经验地描述教师的人格魅力。目前教师专业发展研究，比较重视教师的微观技能训练及专业伦理的问题，而教师完整的德性构成与人格精神没有受到应有的重视，总体上看，对于教师的德性构成和精神气质的研究比较薄弱。

2. 教师道德期待、角色与边界研究

何云峰认为道德可区分为私域道德、公域道德和职业道德三大基本领域。教师道德是跨三大道德领域的综合要求，公众对教师的道德期待往往是希望每一个教师能够在私域有良好的个人德行修为和生活自律，成为个人修养和生活的标杆，也希望教师能够在公域成为公平公正的代表和遵信守法的模范，还希望教师能够职业垂范。在教师的道德实践中，教师根据公众的道德期待进行合理的道德角色定位，对于教师道德发展有着重要的意义。角色定位是否准确，主要取决于能否"做出被期待的行为"。❶

邓晨、吴黛舒认为教师道德边界模糊化是指教师私人、职业与公共道德之间的边界，以及理想道德和底线道德界限的不确定状态。究其根源，道德传统的影响、教师的职业特性和教师实践的特殊性是造成教师道德边界模糊化的重要原因。应该指出，某些教师道德边界模糊化有其合理性和必要性，但有些模糊化则会诱发教师实践和评价上的相关问题，如教师道德评价原则混淆问题、责任空洞问题和教师"道德高标"问题，因此，面对教师道德边界模糊化现象，需要具体问题具体分析。❷

3. 教师专业道德研究

檀传宝认为经验型教师向专业型教师的转变是人类教育生活历史性进

---

❶ 何云峰.教师道德：期待与角色定位[J].伦理学研究，2015（4）：88-93.
❷ 邓晨，吴黛舒.教师道德边界模糊化现象研究[J].教育发展研究，2018（10）：75-79.

步的一个重要表征。由一般性教师职业道德向教师专业道德的方向观念转移实际上是经验型教师向专业型教师转变的一个重要方面。专业道德概念的建立和教师专业化运动具有相同的历史必然性。顺应时代发展，我们应当从专业生活质量提高和教师专业发展的角度专业性地推进教师的专业道德建设。❶

王夫艳认为教师专业道德基于对何谓道德上适切行动的理解，描述了教师在与学生、同事等群体互动时的专业行为方式和行为边界。规则取向的教师专业道德建构围绕"我应该如何行动"，探寻教师正确行动的道德规则。美德取向的教师专业道德建构追问"我应该成为什么样的人"，关注教师的道德品格和道德自我。美好的专业生活是规则和美德整合的基点，也是一元论的话语体系与多样化的专业实践之间的张力中教师专业道德建构的可能出路。把握教师生活的同一性，建构整合的道德身份；打破自我利益与自我牺牲的二元对立，关注教师专业道德建构的人文性与可持续性；发展教师对专业实践的道德承诺，彰显教师在专业道德建构中的主体性。❷

张凌洋与易连云主张个体道德发展的特征以及教师教育的规律决定了教师专业道德的培养具有内在的统一性。随着教师教育一体化成为国际教师教育发展的重要趋势，教师专业道德的一体化培养显现出重要价值。教师专业道德培养的一体化不仅有利于增强专业道德发展的持续性和衔接性，也有利于提升专业道德发展的阶段适应性。为此，不仅应从纵向上建立起融通的专业道德一体化培养体系，还应从横向上加强培养机构的整合协作，从而为教师专业道德一体化培养的实现与推进提供保障。❸

苏启敏认为教师专业道德决策是教师在其专业生活中，为解决特定的道德困境，而从多种道德行动方案中选择最符合正当原则方案的思维活动。

---

❶ 檀传宝.论教师"职业道德"向"专业道德"的观念转移[J].教育研究，2005（1）：48-51.
❷ 王夫艳.规则抑或美德：教师专业道德建构的理论路径与现实选择[J].教育研究，2015（10）：64-71.
❸ 张凌洋，易连云.教师专业道德的一体化培养：价值与路径[J].教育研究，2017（8）：120-126.

教师在面对多种道德行动方案时，首先需要借助某种价值依据以促使道德动机产生，才能作相应的道德选择，形成道德决策。完整的教师专业道德决策一般遵循从初次道德选择到道德判断再到二次道德选择的实践推理过程。❶

4. 教师道德发展研究

杨启亮主张教师专业发展中的教师职业道德发展是一个渐进的运动变化的过程，发展的程度和水平体现为几个不同的境界。长期以来我们多重视外部规定性的、非自我的、被动遵守的规范道德，这只是教师道德发展的基础境界。拷问良心道德是追寻内在自觉和生成的责任道德，是教师道德发展的提高境界；体验幸福道德是关注教师主体体验和专业成长的道德，是教师道德发展的更高境界。❷

杨启亮认为教师道德的修炼，无论是关乎事业的道德，还是关乎学生的道德，或者是关乎教师主体自身的道德，可能都是在情理之间的亦理亦情的过程。规范行为的修炼是必要的也是基础性的，但只是合道德性的行为修炼，未必能满足主体的内在需要，所以它有可能被异化成虚假不实的道德，这样的师德教育就有可能成为规训或者灌输教条。道德行为修炼，只有在转向关注内部规定性的、非约束性的、自觉的道德的情况下，才是真正的道德修炼。❸

尧新瑜、高鑫主张教师道德发展是引领教师专业发展的核心力量，是由内而外多种因素综合作用的道德提升过程，其中教师道德的情感向度、理性向度、实践向度相互助长共同促进教师道德发展。道德的情感向度是教师道德发展的内源动力，道德的理性向度是教师道德发展的价值取向，道德的实践向度是教师道德发展的行为强化。三者互成一体促进教师道德持续提升，是教育发展中不可或缺的作用量。❹

---

❶ 苏启敏.教师专业道德决策：概念、依据及实践推理[J].教育研究，2015（1）：90-97.
❷ 杨启亮.教师道德发展的几个境界[J].教育发展研究，2009（6）：41-43.
❸ 杨启亮.教师道德及其修炼的特殊性[J].教育科学研究，2015（1）：37-42.
❹ 尧新瑜，高鑫.教师道德发展的三个向度[J].山西师大学报（社会科学版），2018（1）：90-94.

5. 教师道德生活与评价研究

钟芳芳、朱小蔓认为从来没有一个时代像今天这样如此需要对道德生活进行情感层面的深入探求。从根本上说，人的本质正是其情感质量的表达。而长期以来，对道德生活的解读往往被阻隔在真实情感之外，面对当下教师道德生活呈现出的可堪忧虑的情感—生命现状，教师道德生活向情感维度的转向迫在眉睫。基于情感自觉的视角，从情感—生命、情感基础、情感素养三个方面对教师道德生活的情感维度进行深入解读，以便探寻以教师支持性情感系统的培育为特征的促进教师道德生活的自主成长的路径。❶

糜海波认为新时代师德发展的基本趋势体现为顺应素质教育和创新教育的要求，彰显现代教育伦理精神，向教师专业伦理延伸和拓展。科学有效地实施师德评价，必须全面辩证地把握评价主体、方法与依据这几个关键要素，坚持评价主体的自我与他人相结合、评价依据的动机与效果相结合、评价方法的定性与定量相结合的原则。师德建设的应有举措包括坚持义与利的统一，以正确观念引领师德进步；将评价与教化相结合，形成师德完善的内驱动力；加强规范与制度建设，为师德建设提供外部条件。❷

6. 教师专业伦理研究

"教师专业伦理"可以界定为：在以教学工作为核心的专业领域内，教师与同事、学生、家长及其他相关主体之间进行专业交往时表现出的行为事实与应该如何的规范。从探讨教师专业伦理中三大关系的内容出发，诠释了教师与同事、学生、家长之间专业伦理的内涵与特点。其从规范教师的行为要求入手，而教师的德性则是从教师道德人格与道德品性入手。

王旭、方娇提出教师专业化发展已经成为一种国际趋势，在此背景下，各国学者都积极地开展有关教师专业伦理方面的研究工作，我国学者近二十年来也广泛开展了相关研究。从学理研究、建设研究、问题研究、比较研究、各级各类教育研究、教师专业伦理素养研究以及新颖视角研究等方面全面梳

---

❶ 钟芳芳，朱小蔓.论当代教师道德生活的困境与自主成长：基于情感自觉的视角[J].教师教育研究，2016（11）：1-6.

❷ 糜海波.新时代师德评价与师德建设的应有维度[J].伦理学研究，2018（2）：117-123.

理我国学者的研究成果，在概括成果的基础上，进一步指出研究的不足之处，为今后我国教师专业伦理方面的进一步研究提供有益参考。❶

就教师伦理和道德方面的研究而言，蔡振梅、刘刚认为随着中国社会的深刻转型与教师专业化进程的推进，尤其是教育实践中教师道德问题的凸显，教师专业伦理逐渐成为研究热点，并取得了实质性进展。近十年教师专业伦理研究的整体特征体现在研究成果数量显著增加和研究内容不断深化两个方面。具体进展表现为研究内容方面由教师专业伦理的概念研究进入内部机制的研究，在研究取向上逐渐将"理论的"教师专业伦理发展成为"实践的"教师专业伦理。❷

一直以来，我国学者对教师专业伦理的认识存在不一致现象，且各种观点之间有一定的差异。第一种，主要强调教师专业伦理的"专业"性，高伟认为："教师专业伦理是指教师从事专业活动必须具备的伦理特质"❸；第二种，则将教师专业伦理视作教师行为规范，如郑金洲、黄向阳认为："教师专业伦理是教师在专业活动中应遵守的基本行为规范，其目的是改善专业服务、维护其专业声望。"❹

另外，在台湾地区，对于专业伦理研究则突出专业组织及其专业关系的确立。例如，詹栋梁就曾撰文提出应把教师专业伦理等同为教师专业道德❺；吴清山、黄旭钧也同样提出，教师专业伦理是指教师专业领域中的一套行规，以此约束组织成员的行为，并对成员之间的关系起保障和巩固作用。❻ 学者们基于由抽象到具体的研究路径，提出了教师专业伦理的相关内容。孙碧菡认为，教师专业伦理包含教师之间的专业伦理、师生之间的专业伦理以

---

❶ 王旭，方娇.我国教师专业伦理研究综述[J].西昌学院学报（社会科学版），2017（4）：101-105.

❷ 蔡振梅，刘刚.近十年来教师专业伦理研究进展探析[J].当代教育科学，2018（6）：39-43.

❸ 高伟.教师专业伦理的现代性[J].现代教育科学，2002（5）：53-54.

❹ 郑金洲，黄向阳.联合国教科文组织、美、日、俄师德规范简介[J].教育参考，1997（6）：11.

❺ 詹栋梁.教师的专业伦理与精神[J].教育研究月刊，2005（4）：11-19.

❻ 吴清山，黄旭钧.教师的专业伦理守则的内涵与实践[J].教育研究，2005（4）：30-43.

及教师与学生家长之间的专业伦理。❶此外，许多学者普遍认为教师专业伦理从整体上看，应包括教师专业伦理要求、规范、实践及制度这四个方面的内容。徐廷福提到"我国的教师专业伦理建设应该实现从身份向专业、由经验向理论的转变；而且应该坚持最高伦理准则与底线伦理诉求的统一，在建设方面应具有系统性、完整性、应用性、可操作性，应该有适当的制度予以保障"。❷

7. 教师德性研究

课题研究认为教师的道德的公域、私域和职域在规范上也许可以分开，但是作为人性品质则是难以分开的，都是统一为人格灵魂。宋晔认为教师德性和教师道德是两个不同的概念，教师德性是个人道德和高标准道德，教师道德是团体道德和底线道德。教师德性不是作为教师基本的行业规范，它是在遵守教师道德规范基础上的更高的道德要求。从教师的职业性质来看，它的核心内容就是教师关怀、教师宽容和教师良心。❸

李清雁主张教师德性是获得性的职业品质，教师德性养成是动态的追求卓越的过程。教师德性的内在结构包括教师的职业意义、职业追求和职业品德。人的规定性和身份规约构成教师德性养成的内在动因，同时教师德性养成会受到教师身处的时代境遇和制度外在因素的影响。教师德性养成应遵循内在实践路径，身份是教师德性养成的前提，身份认同与教师德性养成一体共生，以身份认同为基础通过德性修炼和德性提升的实践方法来养成教师德性，德性反思是教师德性养成的内在性评价，具有批判性和实践性，总之教师德性养成是在身份认同框架下进行的建构过程。❹

赵虹元提出教师善是教师道德人格在实践中的展现，是教师规范伦理、责任伦理和美德伦理的融合与统一，是外在环境与教师主体道德意识共同作用的结果，是教育善实现的基础和福祉。然而，在实践中，教师善面临利益

---

❶ 孙碧萳.教师专业伦理：概念、内容及其意义[J].教师教育学报，2014（12）：18-23.
❷ 徐廷福.论我国教师专业伦理的建构[J].教育研究，2006（7）：48-51.
❸ 宋晔.教师德性的理性思考[J].教育研究，2005（8）：48-52.
❹ 李清雁.教师德性：结构、动因与养成[J].社会科学战线，2018（10）：234-242.

选择冲突、价值判定两难和道德意志自由局限等现实困境,其实现常处于纠结与羁绊之中。教师善的实现须着力完善教师发展制度,构建教师生活的良序;改革职前教师教育课程,培养教育信仰笃定的未来卓越教师;构建教师道德共同体,丰富教师善的理性与实践之维,使善的实现成为每一位教师的价值欲求。❶

8. 解决高校教师师德问题的对策研究

关于解决高校教师师德问题,研究者们开展了卓有成效的探讨,提出了很多具有借鉴价值的理论观点与实践策略。葛晨光认为国家应大力提高教师的社会地位和经济待遇,努力在社会上营造尊重知识、尊重人才、尊重教师的良好风气。有的研究者主张提高师德水平主要在于完善教师师德建设机制。华卫军认为要从教师师德评价制度的角度,积极构建高校教师师德综合评价指标权重体系,做出高校教师师德综合评价模型及预警机制设计。梁金平认为高校各级领导要高度重视师德建设,建立高校教师职业准入制度、教师职业素质培训机制以及师德建设考评机制等。卫荣凡认为高校教师要形成师德自律,即要有师德自律的自主、自觉、能动的要求,并且把这种要求体现在教师自身的实践中。与此同时,教师要加强自我学习,促成全面发展。魏影认为高校青年教师的言行将影响当代大学生的成长和全面发展。另外,还有基于师德师风建设、师德保障制度建设、教师自身道德修为等方面开展的相关研究。

(二)国外相关研究

1. 教师德性研究

教师德性作为一个专门的研究领域的时间很短,但是作为一种思想却有着很长的历史。在西方,古希腊时期苏格拉底认为"知识"是教师应具备的德性,提倡"产婆术"教学法,师生通过思辨共同创造新的知识;亚里士多德认为"理智"是教师应具备的德性,他为其哲学学校设计的"百科全书式"

---

❶ 赵虹元. 论教师的善性伦理及其实现[J]. 教师教育研究, 2019(3): 13-18.

的课程须理智的教师才能驾驭；最早的教育学专著《雄辩术原理》阐述了"因材施教""为人师表""关爱学生"等教师德性。

教师道德伦理在20世纪80年代中后期才真正被系统研究，并逐渐发展成教师规范伦理学派和德性伦理学派。前者以美国学者斯特莱克（Kenneth A. Strike）和索尔蒂斯（Jonas F. Soltis）为代表，提倡教师伦理规范和义务作为的教师道德依据；后者以芬斯特马赫（Fenstermacher G. D）、索科特（Hugh Sockett）、卡尔（David Carr）等学者为代表，在继承亚里士多德的德性伦理传统的基础上，主张教师个体的道德品质是有道德依据的。

20世纪90年代，教师德性以思辨研究为主，索科特长期以来致力于对教师品质的探索，在《教师专业素养的道德基础》（1993）一书中指出了教师的道德核心品质应包括诚实、勇敢、关怀、公正和实践智慧❶，并认为一个有道德的教师必须学会自我反思和不断地进行道德实践；并在1996年发表的论文中继续分析了教师职业美德可以分为理论的和实践的。❷

进入2000年以后，教师德性问题得到空前重视。美国国家教师教育认证委员会（NCATE）发布《中小学、大学以及有关教育机构的专业认证标准》，指出在教师专业化背景下，对教师"知识和技能"的关注要逐渐转向教师应该具备哪些"品质"，并且提出了教师个体品质的具体要求。❸索科特（2012）进一步分析了教学中知识与美德的关系，他指出教师个体应当在获得知识之后进一步完善自我美德。他认为教师美德的目录是由教师所处的公共知识和教师个人知识共同决定的。卡尔分析了教育中教师个体与职业价值观和美德的关系，指出美德伦理相较于规范论和义务论的超越性。❹

---

❶ Sockett H. The Moral Base for Teacher Professionalism [M]. Teachers College Press, 1993.

❷ Sockett H. Can virtue be taught？[J].The Educational Forum, 60（winter）, 1996: 124-129.

❸ National Council for Accreditation of Teacher Education（NCATE）. Professional Standards for the Accreditation of Schools, Colleges, and Departments of Education, Glossary section. Washington, D. C: NCATE. 2001.

❹ David Carr. Professional and personal values and virtues in education and teaching [J]. Oxford Review of Education, 2006, 32（2）: 171-183.

2. 教师德性目录研究

德性目录是伦理学的专用术语，具体化为德性品质。麦金太尔对德目和品质的关系做出了解释，"没有一个单一的、中心性的和核心的德性概念，这样一种德性概念却有着对其普遍遵从的要求（主张）……"[1] 由此可见，德目是由多种品质集合而成的，不同时代的品质，展现的即是不同的德性。当前，西方学者对于教师德性目录的内容尚未达成一致。有学者认为耐心、尽责、尊重、坦诚是教师最重要的品质，也有学者认为开明、公正、关怀是核心品质，还有学者认为谦虚、勇敢、公正、思想开明、具有同情心、热心、有判断力和想象力缺一不可，还有学者认为好教师既要有一组道德品德，还要有实用的品德，例如诚恳、合情合理、热爱专业和学生、公平、正义、热情等。[2] 从教师德性目录的角度，也可以看作是教师的重要美德之一。[3] 关于德性目录是否与学科有关，有学者提到了不同学科对教师德性的要求不同，例如数学老师需要将"精准"视为美德，而历史老师则需要具备客观判断的能力，科学老师则需要具有尊重真理的品质。[4] 还有学者基于美德认识论，分析了不同文化（中国传统文化、南亚文化、希腊文化、非洲文化）中的德性目录[5]，证明了麦金太尔关于美德是对个体所在共同体的历史和文化进行传承的观点。

3. 教师德性养成途径研究

"美德是否可教？"——柏拉图提出的问题在教育研究领域得到了大量的研究。当前，西方学界普遍认为德性是后天养成的，而不是与生俱来的，因此，教师德性可以通过一系列途径养成。目前，形成了三种教师德性养成

---

[1] 麦金太尔. 德性之后 [M]. 龚群, 等译. 北京：中国社会科学出版社, 1995.

[2] Soltis J F. The Virtues of Teaching [J]. Journal of Thought, 1987, 22（3）：61-67.

[3] Noddings N. Caring: A feminine approach to ethics and moral education [M]. Berkeley: University of California Press, 1984.

[4] Sockett H. Knowledge and virtue in teaching and learning: The primacy of dispositions [M]. Routledge, 2012.

[5] M J Ortwein. Toward a regulative virtue epistemology for the theory and practice of education [D]. Texas A & M University, 2011.

的观点——反思观、实践观和知识观。需要说明的是，在该部分，研究者为了强调三种观点，人为地进行了划分，但事实上各观点之间并不相互排斥。

反思观是指教师通过自我反思和自我修养来养成教师德性。有学者依据舍恩（Schon）的"反思性实践"提出了"反思性实践者"（reflective practitioner）这一概念。❶不同的学者对于反思的理解存在差异。例如，海瑞认为反思是心理学的概念，是一种自我意识（self-awareness）的体现；科彭等将反思视为自我评价的手段；伯明翰则认为在当前多元文化下，反思本身就是一种美德；鲁科沃斯基（J. A. Luckowski）指出德性伦理取向中的自我反思和行动是培养伦理型好教师的重要途径。❷

实践观是指在教育实践中养成教师德性，西方学者普遍认同这一观点。其理论根源为亚里士多德的实践智慧（phronesis），是指在道德世界能应对纷繁复杂的人生境况的理性德性。索科特认为教育理论与教育实践之间是存在断层的，必须将二者相结合，理论才能真正得到检验和运用，实践是教师的具体行动和他们对问题的思考，从而在复杂变幻的工作场景中体现出公正、智慧和审慎等品质。他还发现由于教师个体的价值观、知识背景等方面存在不同，实践开展是存在困难的。海瑞认为教师拥有美德和践行美德都是非常重要的，仅知道德性的内容而不践行则不算是拥有德性。坎普贝尔认为实践是教师积累道德知识所必需的途径。认知和行为是两回事，教师必须通过在教学实践中的具体实践，才能将学到的伦理知识内化为个体美德。

知识观是认为教师要成长为有德性的老师，应具备一定的伦理知识。提出这一观点的是坎普贝尔，她认为伦理知识是一种个人的专业性能力。伦理知识使得教师运用专业美德的透镜，去审视课程和他们从事的教学与评价工作，也包括他们与学生或他人之间的人际交往。索科特在他最近的研究中提出，美德的培育是基于两类知识，第一类是社会普遍常识性知识，例如真理、信仰和证据，与之相对应的教师品质为坦率、思想开明和公正三种品质；第

---

❶ Sockett H. The Moral Base for Teacher Professionalism [M]. Teachers College Press, 1993.

❷ Luckowski J A. A Virtue-Centered Approach to Ethics Education [J]. Journal of Teacher Education, 1997, 48（4）: 264-270.

二类是个体的经历所带来的个体性知识，例如个人经历、义务责任、身份角色，与之相对的是完整性、鼓励、风险承受能力和自我知识储备。与知识观尤为相似的是，贝格丽提出的德性是一种技能的观点。要成为有德之师，德性是必须学会的一项技能。德性技能是可以培养的，是在新教师成长为老教师的过程中不断进步的，是可以通过向他人学习获得的。❶

4. 教师专业道德研究

国际上教师道德伦理在 20 世纪 80 年代中后期才真正被系统研究，依据伦理学的渊源，教师的专业道德研究可以分为规范伦理路向和德性伦理路向。前者以美国学者斯特莱克（Kenneth A. Strike）和索尔蒂斯（Jonas F. Soltis）为代表，主要依据康德的义务论，提倡教师伦理规范和义务作为的教师道德依据，建立教师的道德伦理规范系统；后者以芬斯特马赫（Fenstermacher G. D）、索科特（Hugh Sockett）、卡尔（David Carr）、大卫·汉森（David Hansen）、克里斯·希金斯（Chris Higgins）等学者为代表，在继承亚里士多德、麦金太尔（MacIntyer A）、斯洛特（Slote. M）的德性伦理学的基础上，主张教师个体的道德品质是道德行动的依据，关注教师本人的良好品格。索科特在《教师职业的道德基础》（1993）一书中指出了教师的道德核心品质应包括诚实、勇敢、关怀、公正和实践智慧。❷ 同样，英国爱丁堡大学的卡尔比较深入地分析过教师道德品质，他把教师的德性看作教育专业伦理的重要内容。

近年来，欧美教育研究重视基础教育中的教师研究，教师教育学从理论上把教师的人性、心灵等作为教师专业发展的关键问题，把教师的个性、德性、人格看作奠基教育生活和专业行动的基础。这方面的论著参见：David Carr. Character in Teaching, British Journal of Educational Studies, Vol. 55（4）；Mary E. Diez and James Rathes，（ed.）Dispositions in Teacher Education,

---

❶ Begley A M. Facilitating the development of moral insight in practice: teaching ethics and teaching virtue [J]. Nursing Philosophy, 2006, 7（4）: 257-265.

❷ Sockett H. The Moral Base for Teacher Professionalism. The moral base for teacher professionalism [M]. Teachers College Press, 1993.

Information Age Publishing, 2007; Chris Higgins. The Good Life of Teaching, The Special Issue of Philosophy of Education, 2010 等。2013年的比利时根特大学举行了主题为"教师的卓越——实践、政策和研究"（Excellence of Teachers: Practice, Policy and Research）的国际教师教育会议，突出强调研究教师的品格与精神，旗帜鲜明地主张教师的精神气质、人格品质是教师研究的当务之急，批判了过度关注教师的知识或技术训练的专业发展路线，凸显了教师卓越性（excellence of teachers）的研究趋势。

虽然西方教师教育研究具有超越技能主义发展模式的趋势，虽然基础教育中的教师研究越来越重视教师的专业伦理研究，但从德性构成与人格精神的统一关系出发，对教师的心性品质、心灵秩序的构成研究较少，对教育者的精神气质的理解较少。因此，以新时代为背景，针对内蒙古地区大学师德建设相关问题展开深入探究，以服务于本地区大学师德建设的现实需要，进而不断提高本地区的师德建设水平，不断提高大学教师的师德修养，不断提升大学教师的道德境界，最终为大学教育事业的健康、有序、快速发展提供有效的道德保障。

四、研究意义

（一）学术价值

1. 有助于拓展大学师德建设研究的领域

总体上，在研究者目力所及范围内，明确以本主题为对象的研究几乎没有。本书将围绕内蒙古地区大学师德建设的现状、内蒙古地区大学师德建设的主旨、内蒙古地区大学师德建设的内容以及实践路径等展开深入探讨，侧重于对优秀传统文化的继承与发扬，力求推动内蒙古地区大学师德建设走向深入。

2. 有助于探索生成基于本地区经验的大学师德研究发现和本土理论

中西方针对大学师德建设都有好的经验和做法，但必须和地区实际相结合。已有文献对某一地区的大学师德的探讨相对不足。本书结合已有文献与实地观察研究，对内蒙古地区大学师德的现状与问题进行深入把握，在此基础上，结合自治区实际，探索生成基于自治区实际经验的大学师德建设的发现和理论，将为内蒙古地区大学师德建设研究提供有益的借鉴。

3. 有助于积累和丰富大学师德建设研究的第一手资料和方法

目前有关内蒙古地区大学师德建设的研究存在很大的拓展空间，本书力求通过对内蒙古地区大学师德状况的实地调查，积累和丰富内蒙古地区大学师德建设方面的翔实资料，为内蒙古地区大学师德建设相关研究提供资料和方法借鉴。

（二）应用价值

1. 有助于传承优秀民族文化

大学师德符合中华文化的特质。民族的强盛必须以文化兴盛为支撑。没有文明的继承和发展，没有文化的弘扬和繁荣，就没有中国梦的实现。中华文化积淀着中华民族最深沉的精神追求，包含着中华民族最根本的精神基因，代表着中华民族独特的精神标识，是中华民族生生不息、发展壮大的丰厚滋养。习近平总书记指出："不忘本来才能开辟未来，善于继承才能更好创新。"中华传统文化是我们民族的"根"和"魂"，如果抛弃传统、丢掉根本，就等于割断了自己的精神命脉。我们进行大学师德建设，完善大学道德秩序，必须立足中国特殊的历史文化背景。中国大学的今天是从中国的昨天和前天发展而来的。要治理好今天的中国大学，需要对我国历史和传统文化有深入了解，也需要对我国古代治国理政的探索和智慧进行积极总结。正如阿什比所言，大学是民族灵魂的反映。一个国家的大学与这个国家的历史传承和文化传统密切相关。习近平总书记指出："解决中国的问题只能在中国大地上探寻适合自己的道路和办法。数千年来，中华民族走着一条不同于其他国家和民族的文明发展道路。"大学师德建设必须扎根于中国文化，这是建构中国风格现代大学的重要维度。基于此，从作为中国传统文化基因的道德切入，探究大学师德建设的路径，以实现大学的道德转向。

2. 有助于提升大学教师的道德素养

德性是宝贵的、被赞美的、被赏识的优秀品质。亚里士多德说："每种德性都既使得它是其德性的那事物的状态好，又使得那事物的活动完成得好。"❶那么，大学的德性就是既使得大学完善又使得大学良好地完成它的任务的品质。德性是大学的根本。德性是人作为完满、高贵的动物的标志。"人一旦趋于完善就是最优良的动物，而一旦脱离了法律和公正就会堕落成最恶劣的动物。不公正被武装起来就会造成更大的危险，人生而便装备有武器，这就是智能和德性，人们为达到最邪恶的目的有可能使用这些武器。所以，一旦他毫无德性，那么他就会成为最邪恶残暴的动物，就会充满无尽的淫欲和贪婪。"❷道德是大学教师最为宝贵的财富。"作为人而能够拥有的最辉煌的桂冠和最高的荣耀。它，是一个人最可宝贵的财产；它，构成了人的地位和身份本身；它，是一个人在信誉方面的全部财产。"❸这是一个人的道德的魅力。道德是人之为人的根本。

人之所以为人，在一定意义上，源于人的道德属性，正是道德属性使人成为真正意义上的人。"水火有气而无生，草木有生而无知，禽兽有知而无义；人有气、有生、有知亦且有义，故最为天下贵也。"（《荀子·王制》）作为大学教师，受道德的约束，应将自我控制在合乎社会道德规范之内，成为明道德、知礼仪、讲廉耻的大学人。道德为大学教师的内在尺度。缺乏道德素养的大学教师，就缺失了立足的根本。如果大学教师缺乏道德的支撑，其精神世界就会瓦解。大学师德建设就是要强化大学教师的道德实践，引导大学教师在一定的社会关系中进行道德实践，通过道德实践展现自身的特性，塑造自我的道德品格。通过道德实践，大学教师不断追求真善美，实现知情意行的有机统一，从而丰富内在的道德品性。

---

❶ 亚里士多德.尼各马可伦理学［M］.廖申白，译.北京：商务印书馆，2006：45.
❷ 亚里士多德.亚里士多德全集（第九卷）［M］.颜一，秦典华，译.北京：中国人民大学出版社，1997：7.
❸ 塞缪尔·斯迈尔斯.人生的真谛［M］.刘曙光，选译.北京：北京图书馆出版社，2001：3.

3. 有助于净化大学的道德风气

道德风气是道德价值观和行为方式社会化的结果，是一种可以感知或经验的道德状况，因而是判断一所大学实际道德水平的直观尺度。通过大学师德建设，净化大学的道德风气，塑造大学的德性品质，使大学风清气正。大学道德风气反映了大学的道德水平，展现了大学的道德风貌，表征了大学的道德文明。大学的道德风气具有潜移默化的作用，发挥着无形的作用。"风气影响及于实际生活，具体化为典章制度，深入人心，积久不变。"❶ 道德风气影响大学的道德生活。道德风气能够促进大学教师的身心健康发展，振奋大学教师的精神，维护大学秩序的和谐。良好的大学道德风气需要每一个大学教师的积极参与、积极维护以及积极实践。大学教师的发展与大学的发展是相互促进的，大学教师能够互相产生道德影响，只要能够推己及人，就能够营造良好的大学道德风气。同时，大学自身的进步也影响大学教师的德性的发展。大学德性的培育是每一个大学教师与大学互相砥砺的过程，大学德性由大学教师的德性构成，没有大学教师的德性也就没有大学的德性。反之，大学的德性也影响大学教师的道德品性形成，没有道德文明的大学，也不会有道德的大学教师。总之，良好的大学道德风气是由大学中的每一个人共同创造的，只要每一个大学教师自觉加强道德建设，不断提升道德素质，那么，大学的道德风气就会愈加浓厚。

促进大学道德完善是净化大学道德风气的目标。道德修养是趋向至善的基本路径。伦理是以善为价值尺度的，道德所追求的是善的价值，而不是别的价值。善是个体道德价值的基础，也是德性价值的基础。从价值层面看，善的本原体是价值，而道德意义上的善是最有价值的东西。梯利在《伦理学概论》中写道："我们可以用至善表示：人类认为是世界上最有价值的东西，它具有绝对的价值，正是由于它的缘故，其他被意欲的一切才被意欲"❷，至善成为伦理学研究的出发点及其所要达成的最终目的。舍勒认为："一种

---

❶ 贺麟. 文化与人生 [M]. 北京：商务印书馆，1988：236.
❷ 弗兰克·梯利. 伦理学概论 [M]. 何意，译. 北京：中国人民大学出版社，1987：138.

完善的行为不仅包括所追求的客观之善,也拥有作为'至善'的对其建立在客观基础上的价值优先的自明性的认识。"❶转变大学道德风气,就是要力求引导大学弘扬善性,趋向道德的完善。这种善性需要引导,需要塑造,需要检验。大学道德建设就是要引导大学学会道德选择,强化大学道德自律,丰富内在的善性,反之将丢失善端。"凡有四端于我者,知皆扩而充之矣,若火之始然,泉之始达。苟能充之,足以保四海;苟不充之,不足以事父母。"(《孟子·公孙丑上》)但是,大学善端的发展并不是从外部强加于大学的,而是大学自觉的内在的养成,所以,大学要想形成善性,必须强化内在的道德养成,存心养性,清心寡欲。"养心莫善于寡欲。其为人也寡欲,虽有不存焉者,寡矣;其为人也多欲,虽有存焉者,寡矣。"(《孟子·尽心下》)大学只有通过存心、养性、寡欲,摒弃杂乱、浮躁、私欲,持续强化大学自身的道德养成,才能摆脱外在的羁绊,回归道德的世界,逐渐成为德性充沛的大学,最终承载大学的道德使命,实现大学的道德理想。

五、研究思路

本书结合内蒙古地区大学师德建设情况实际,通过问卷等方式调查内蒙古东、中、西部地区高校,力求把握内蒙古地区大学师德的现状,在此基础上,分析存在的问题,辨明内蒙古地区大学师德建设的指向,明确内蒙古地区大学师德建设的内容,把握内蒙古地区大学师德建设的实质,探讨内蒙古地区大学教师应当具备的道德素养,为内蒙古地区大学师德建设指明方向。在上述前提下,探讨与追问新时代内蒙古地区大学师德建设的实践路径,以期为内蒙古地区大学师德建设提供可资借鉴的实践方式,从而整合资源、凝聚合力、开拓创新,不断推进新时代内蒙古地区大学师德建设工作走向深入,最终全面提升内蒙古地区大学师德水平,建设师德高尚的专业化大学教师队伍,

---

❶ 马克斯·舍勒.价值的颠覆[M].刘小枫,等译.北京:生活·读书·新知三联书店,1997:306.

为培育符合区域经济社会发展需求的、合格的社会主义建设者和接班人提供有力支撑与坚强保证。

六、研究方法

本书坚持以马克思主义的辩证唯物主义、历史唯物主义为指导，大量搜集和整理有关内蒙古地区大学师德建设的素材，依据素材，对内蒙古地区大学师德建设的发展状况进行客观的历史描述和分析。坚持历史与逻辑相统一，运用分析和综合的方法，在对内蒙古地区大学师德建设现状分析的基础上，提炼和概括共性认识，从而科学总结内蒙古地区大学师德建设的现状。坚持理论联系实际，通过史料分析、档案资料查阅和实地调研等方式，对内蒙古地区大学师德建设取得的成就以及当前面临的机遇和挑战进行整体分析与可行性研究，用数据和事实说话，力求使研究成果更具说服力和可操作性。坚持宏观和微观相结合、历史和未来相结合，立足于内蒙古实际，探讨内蒙古地区大学师德建设的实践路径。

根据研究目标与内容，本书主要采用"文献法、调查法和哲学思辨法"等方法，分段实施，注重研究过程的严谨、研究结果的可重复性和量化分析，获得有关内蒙古地区大学师德建设的第一手资料，为内蒙古地区有效开展大学师德建设工作提供有益参考。

（一）文献法

收集有关师德、师德建设、大学师德建设等的文献，结合已有研究，围绕相关问题，对其相关内容进行梳理，为分析新时代内蒙古地区大学师德建设的相关议题提供文献支撑。

（二）调查法

以内蒙古地区部分高校为问卷调查对象，剖析本地区大学教师师德现状以及存在的问题，为本书提供数据支持，使本书更具有操作上的可行性和真实性。通过问卷星，调查学生和相关教师。调查结果为本书相关问题提供了有效支撑。

（三）哲学思辨法

结合内蒙古地区大学师德建设实际，运用哲学思辨，力求积极反思内蒙古地区大学师德建设的现实困境，力争建构新时代内蒙古地区大学师德建设的理论架构，以服务于内蒙古地区大学师德建设的现实需要。

第一章　新时代内蒙古地区大学师德建设现状

教师是人类灵魂的工程师，是人类文明的传承者。长期以来，广大教师贯彻党的教育方针，教书育人，呕心沥血，默默奉献，为国家发展和民族振兴作出了重大贡献。新时代对广大教师落实立德树人根本任务提出新的更高要求，为进一步增强教师的责任感、使命感、荣誉感，规范职业行为，明确师德底线，引导广大教师努力成为有理想信念、有道德情操、有扎实学识、有仁爱之心的好老师，着力培养德智体美劳全面发展的社会主义建设者和接班人提出了新的要求，指明了新的方向。内蒙古地区积极有序地推进大学师德建设工作，取得了良好的效果。内蒙古地区大学师德建设的主流是好的，广大教师立足边疆民族地区，乐业敬业，无私奉献，教书育人，为内蒙古地区教育事业的发展作出了重大贡献，展现了民族地区大学教师应有的职业素养和责任担当。

一、内蒙古地区大学师德建设取得的成效

（一）坚持党的领导，拥护党的路线、方针和政策

内蒙古地区大学师德建设过程中，始终贯穿热爱党、热爱祖国、热爱社会主义、坚持民族区域自治等一系列原则和规范。高等教育事业是社会主义事业的重要构成部分。大学教师和其他职业具有同样的角色扮演，都是中国梦的践行者。内蒙古自治区成立以来，随着我国社会主义现代化建

设事业的快速发展，内蒙古自治区高等教育事业获得了快速发展，取得了巨大成就。高等教育战线教学科研队伍不断壮大，高等学校为民族地区经济社会发展培养了大量人才。内蒙古地区高校教师高度关注国家高等教育的改革和发展，他们热爱祖国，坚持党的领导，坚决拥护党的各项路线、方针和政策。把对党、对祖国、对社会主义的热爱融入其为之奋斗的教育事业中。改革开放40多年来，随着内蒙古自治区经济、政治、社会以及文化等方面的快速发展，内蒙古自治区高校教师的物质生活和精神生活都有了极大的改善，教师各方面素质均获得显著提高。内蒙古自治区高校教师获得了极强的自我认同，更坚定了他们对党的路线、方针、政策的认同，更坚定了内蒙古自治区高校教师献身祖国教育事业的信心和决心。

（二）打造了一大批优质的大学教师团队

总体而言，内蒙古地区的大学教师队伍素质是比较高的。作为一个特殊的群体，默默地在各自的工作岗位上无私地奉献着自我的一切。作为教育工作者，热爱这份教育事业，积极贯彻党的教育方针，全身心投入教育教学工作中；敬业乐业、无私奉献；关爱学生、率先垂范；严谨问学、勇于探索；积极变革，不断创新；勇于开拓、敢于担当。内蒙古地区大学教师能够一心扎根边疆民族地区，不讲物质条件，潜心教书育人，不被外在的浮华左右，保持教师应有的定力，尽自己所能，引领学生全面成长。内蒙古地区民族高等教育事业获得了长足的发展，为国家和本地区经济社会的发展培育了大量优秀的人才，这一切都离不开广大大学教师的辛勤付出与默默坚守。内蒙古地区的大学教师能够按照四有好教师的标准严格要求自己，不断加强自身的道德建设，提升自身的专业素养；能够结合地区实际，积极开展教育教学工作，服务于学生成长成才的现实需要；能够抵御外在诱惑，保持教师的初心，坚守职业理想，为内蒙古地区教育事业和经济社会的快速发展作出了重要贡献，获得了社会的广泛赞誉。

（三）促进了民族团结进步教育

党的十九届四中全会指出："坚持各民族一律平等，铸牢中华民族共同体意识，实现共同团结奋斗、共同繁荣发展的显著优势。"❶中华人民共和国成立 70 多年来，内蒙古民族教育始终坚持党的教育方针，注重打牢各族师生中华民族共同体思想基础，以服务国家重大战略需求为指向，以彰显中华文化特色为取向，具有鲜明的中国特色。进入新时代，内蒙古民族教育需要紧跟时代步伐，着眼于民族教育的未来发展，为其他民族地区民族教育的发展提供经验借鉴，为打牢中华民族共同体思想基础提供有力支撑与坚强保障。内蒙古自治区被誉为"模范自治区"，民族团结教育取得了巨大成就。这离不开内蒙古地区大学教师的默默奉献。

内蒙古自治区成立之后，在党的民族政策和教育方针的正确指引下，科学地制定了"优先、重点"发展少数民族教育的政策措施，为发展全区少数民族教育，为缩小少数民族与汉族在文化教育上的差距，起到了重大的促进作用。内蒙古民族教育政策呈现出鲜明的国家性、地方性、民族性、文化性等特点，开辟了一条中国特色、内蒙古个性的民族教育之路。在这一发展过程中，内蒙古地区的大学教师对促进民族高等教育领域全面健康发展发挥了非常重要的作用。广大大学教师积极引领学生确立正确的民族观，积极进行社会主义核心价值观教育，积极开展民族团结进步教育，强化了学生的民族认同，促进了各民族的有机融合，为本地区社会的稳定与和谐发展提供了强有力的支撑作用。

2019 年 7 月 16 日，习近平总书记在内蒙古调研时指出："内蒙古是我国民族区域自治制度的发源地，具有民族团结的光荣传统。要高举各民族大团结旗帜，全面贯彻党的民族政策，深化民族团结进步教育，践行守望相助理念，铸牢中华民族共同体意识，把各族人民紧紧团结在党的周围，共同守卫祖国边疆，共同创造美好生活，在新时代继续保持模范自治区的崇高荣

---

❶ 党的十九届四中全会《决定》[EB/OL].https://china.huanqiu.com/article/9CaKrnKnC4J，2019.11.05.

誉。"❶进入新时代，内蒙古民族教育需要把握时代脉搏，精准发力，实现民族教育事业的新发展，为国家和其他民族地区民族教育的有效实践提供"内蒙古经验"。

（四）强化了中华民族共同体意识

党的十九大报告明确提出全面贯彻党的民族政策，深化民族团结进步教育，铸牢中华民族共同体意识，加强各民族交往交流交融，促进各民族像石榴籽一样紧紧抱在一起，共同团结奋斗、共同繁荣发展。内蒙古自治区是我国模范自治区，长期以来为铸牢中华民族共同体意识，增强国家认同感、文化自豪感，促进各民族之间情感交流做出了积极贡献。在高等教育领域，一大批默默无闻的教师，在教育教学中渗透着中华民族共同体意识教育，形成了宝贵经验与典型做法，在民族教育过程中，很好地融入了"五个认同"教育，强化了思想意识引领、弘扬了社会主义核心价值观和中华优秀传统文化、铸牢了中华民族共同体意识、构建了各民族共有精神家园，为打牢中华民族共同体思想基础提供了有力支撑。

民族教育是中国特色解决民族问题的重要方式，也是铸牢中华民族共同体意识的主要育人途径。中华人民共和国成立 70 多年来，内蒙古民族教育在国家和自治区相关政策的保障与引导下，取得了举世瞩目的成就，彰显了"模范自治区"的典范作用，成为我国民族教育的一面旗帜。在新的历史时期，内蒙古地区广大大学教师深入研究内蒙古民族教育，总结成功经验，展望未来走向，不仅对"铸牢中华民族共同体意识"具有重要的现实价值，而且对国际社会讲好"中国故事"也具有深远的政治意义。

---

❶ 习近平在内蒙古考察并指导开展"不忘初心、牢记使命"主题教育［EB/OL］.http：//www.xinhuanet.com，2019.07.16.

二、内蒙古地区大学师德建设存在的问题

(一)大学师德建设意识缺乏

"德之不修,学之不讲,闻义不能徙,不善不能改,是吾忧也。"[1] 德行不予以修养,学识不潜心研究,听到合乎义的事不能去做,不良善的毛病又不改,这些都是令人忧虑的。内蒙古地区部分大学教师存在道德偏差,被利益牵绊,角色扮演日益多样化以及与市场同流动等问题,无不侵害着大学教师的道德形象,扰乱着大学的道德秩序,造成本末倒置,导致师德下滑,学术倒退。大学教师缺乏心灵的力量,不能充分发挥道德主体的作用。"人们承认所有人都同等地欲求幸福,但是在对幸福的追求中成功者寥寥;一个相当重要的原因就是缺乏心灵的力量,心灵的力量可以使他们有能力抵御当前的舒适或快乐的诱惑,推动他们寻求更长远的利益和享受。"[2] 大学教师缺乏道德养成,没有真正秉持一颗赤诚的心,缺乏自我的道德感,没有呈现出应有的道德状态,主动承载大学教师的道德使命。大学教师没有很好地转换思维模式,充分激发潜能,塑造自我顽强的意志,没有着力改变自我,尽自己的最大努力并勇于承担道德的责任,这无法凸显大学教师作为道德主体的地位,更不能真正地发挥大学教师的道德引领作用,无益于大学教师道德使命的实践。

(二)大学公共道德建设弱化

大学存在个体道德与公共道德的冲突。我们在目前的大学道德建设过程中,更偏向于个体道德的塑造,注重大学教师道德规范的确立,强调内在的自我约束。虽然也有大学的公共道德建设,但依然不够充分。大学既要强调私德,也要强调公德。大学的公共道德是大学教师为了维护大学秩序,保障切身利益,在大学共同生活中必须遵守的道德规范和道德准则。大学没有很好地通过民主与法治的建设,塑造大学的公德。大学公德的塑造没有真正促进大学个体道德

---

[1] 邹憬.论语译注[M].上海:上海三联书店,2012:90.
[2] 休谟.道德原则研究[M].曾晓平,译.北京:商务印书馆,2001:90.

的养成。大学公德与大学私德缺乏必要的互动，没有完全实现提升大学的道德境界与大学个体的道德层次的有机统一。大学公德没有成为大学的道德主体与道德力量，不能很好地催生大学道德的生长点和保护大学的道德生态。大学公德对大学私德没有产生深远的影响，无助于大学群体追寻道德理想，也无有助于大学教师对大学的认同，使大学道德建设在大学个体与大学群体的博弈中缓慢前行。

（三）大学道德建设契约缺失

当前大学道德建设过程中，缺乏道德的契约，不能很好地规约大学教师的道德行为，限制了大学道德使命的实践。大学需要建立契约关系，制度的契约，是外显的；内在的契约，是道德的心理契约。两种契约构成了大学的内在关系。契约的良好遵守与践行，有益于大学的道德协商，规范大学以及大学教师的道德行为，营造大学良好的道德关系，进而使大学恪守原则规范，逐步回归道德的秩序。大学教师没有很好地遵守道德契约，践行相应的道德义务。大学教师并没有真正履行道德契约，恪守道德准则，践行道德行为，导致大学道德秩序不和谐。我们在大学道德建设中，缺乏在遵从道德契约的前提下，尊重差异，激发大学道德发展潜能，与此同时，也没有很好地认识到契约背后也存在道德冲突，大学内部的道德冲突必须是有限度的，它是在学校的核心价值得到认同的情况下得以显现的。我们的大学师德建设，缺乏通过道德契约，有针对性地利用大学道德建设中的冲突，进而在平等的前提下因势利导，从而引导大学师德建设朝积极、健康、优秀的方向前进。

（四）大学师德建设组织缺位

目前，内蒙古地区大学师德建设缺乏专门的大学师德建设组织机构。大学师德建设没有成立专门的组织机构，相关师德建设工作没有获得很好的推动，缺乏有效的组织机构保证。大学师德建设一般都是挂靠到相关组织机构中，没有单独设立组织机构，这无助于大学师德建设工作的高效展开。缺乏专门的组织机构，势必影响大学师德建设工作的整体推进与有效实践，无助于对大学师德建设工作的整体规划与推动，无助于高效地处理大学师德建设过程中存在的问题，无助于大学师德建设的连续性与可持续性实践。这些都在一定程度上影响了大学师德建设的展开与大学教师对师德建设工作本身的认同，进而影响了大学师德建设工作的整体推进与实践效果。

三、内蒙古地区大学师德建设问题背后的原因分析

（一）内部与外部压力的冲击

结合调查结果分析，内蒙古地区有些大学教师面临教学任务过重、经济收入低、科研能力不强等方面的问题，影响了内蒙古地区大学教师的职业热情，难免在工作中出现一些偏差，导致无法达到预期的教育教学效果。

大学教师的社会关注度较高，被视为道德的模范，被社会赋予很高的期待，理想化的色彩很浓。这样的身份认同与大学教师的现实状况会产生矛盾与冲突。在现实教育情境中，大学教师承载着很多压力，诸如教学、科研、名誉、物质以及个人发展等方面的压力，尽管作为大学教师付出了很多，但是某些方面无法达到预期，不能够完全呈现出正相关的关系。在这样的局面下，少部分大学教师会忽视自身的道德建设，追求不应该追求的利益，损害了自身的大学教师形象。

另外，随着时代的变迁与社会经济的发展，科学技术对人民的生活产生了巨大的影响，对现实的教育也产生了巨大的冲击。大学教师作为教育中的关键角色，也备受关注，各种舆论都在刻画着大学教师的崇高形象，将师德抬至一定的高度，在一定程度上存在过于理想化的色彩，忽视了教师职业的现实性，忽视了教师作为普通人的角色扮演，忽视了教师职业本身的特殊性，这就导致多数大学教师难以满足社会的过高要求与期待。在社会层面的这种理想主义色彩，不能真正推动大学教师的道德建设，其必须回归大学教师的生活实际，基于现实角度，考虑大学教师师德建设的实际，更好地推动大学师德建设工作的有序展开，引导广大大学教师始终秉持师德标准，恪守社会道德，践行公共道

德，真正做到初心不改，全身心地投入育人的事业中。

（二）职业认同感相对不强

职业认同是对职业本身的接纳度、认可度与融入度，关系教师的教育教学热情、教育教学状态以及教育教学效果。当下忙碌的生活、繁重的工作使一些大学教师感觉身心俱疲，不能真正领悟到为人师表的光荣感和使命感以及学生带来的快乐感、满足感和幸福感。内蒙古地区大学教师中也存在一些对职业认同模糊的问题，在自身角色扮演的过程中产生内心的冲突，职业身份与职业地位的矛盾，职业获得与外部压力的矛盾，职业预期与现实处境的矛盾等，导致本地区大学教师在职业认同方面出现一些问题，在教育教学过程中，没有很好地融入，没有很好地反思，没有很好地体现大学教师应有的职业态度，导致教育教学效果不佳，没有获得应有的职业认同。

内蒙古地区部分大学教师职业认同感不强，主要源于自身发展状况、个人预期和外在因素等方面的影响。部分大学教师职业发展没有达到理想的状态，进而产生内在的冲突，导致个人动力不足、热情减退、消极怠慢，致使无法将注意力完全集中于教育教学过程中。这势必导致教育教学效果不尽如人意，与此同时，这些大学教师也忽视了自身的师德建设，导致师德建设弱化，无法达到大学师德建设的标准，进而与自身的职业身份不相匹配。这种多元的矛盾，导致一些大学教师的职业幸福感、职业获得感与职业成就感逐步弱化，更无益于其强化自身的职业认同感。这种非良性的循环，必将导致一些大学教师师德建设滞后，无益于其职业的长远发展。

（三）师德管理制度不够健全

大学教师师德相应的管理制度不够健全与完善，不能很好地引导广大大学教师自觉加强自身的道德建设与提高自身的道德素养。与此同时，有些师德管理流于表面，不够深入，不能很好地贴近大学教师的实际，无法真正引领广大大学教师确立科学合理的道德建设方向。针对大学师德的制度建设不够健全，虽然出台了一些相关要求，但是还不够全面和系统，指导性相对不足，这都导致大学师德建设存在一定的偏差。师德培训也相对缺乏。针对大学教师的师德养成方面的培训相对不足。当下的大学教师师德培训没有很好地与大学教师的实际相结合，存在培训方式单一、固化的问题，没有真正激发大学教师内在的兴趣。大学师德培训缺乏现实的生动案例，没有很好地发挥现代科技的作用，没有真正走入教育教学实践，导致没有获得理想的师德培训效果。

部分大学对师德的奖励机制不够完善。大学教师对于外在的物质奖励的需求，会影响其对待师德建设的态度。获得尊重与认同，能够强化大学教师的职业满足感和幸福感，激励大学教师自觉强化自我的道德养成。但是，现实境况却不尽如人意，某些大学对教师的奖励做法失之偏颇，例如，物质奖励没有真正落实到位，有的奖励缺乏新意，有的做不到赏罚分明。与此同时，某些大学没有对教师群体进行切实的关怀，没有把精神奖励融入物质奖励中。理想化的激励目标导致教师缺乏激情，没有热情，不能很好地融入师德建设的历程中，没有真正感受到师德建设的价值与意义，致使大学师德建设工作无法取得真正的实效。

（四）师德评价监督体系不够完善

大学师德建设离不开相应的考核与评价，对大学师德的考核是大学师德建设的关键环节。目前，在一些高校师德建设过程中，缺乏科学合理的师德评价体系，这直接影响大学师德建设的成效，阻碍大学师德建设的深入推进。目前的大学师德建设，更多地关注于外在评价，针对大学师德建设主体，也就是大学教师自身的评价缺乏应有的重视，导致评价不全面。与此同时，大学师德评价指标体系也不健全，虽然师德评价指标涉及德、能、勤、绩等方面，但是侧重点依然是教学与科研，忽视了对于教师自身的评价。另外，大学师德评价的结果运用不够合理，大学师德评价结果往往与教师的绩效等相联系，与教师的职级晋升相关联，缺乏对教师师德发展的长期关注，不能真正将师德评价作为促进教师专业成长与自身道德提升的抓手。

大学师德建设的监督机制也不够完善。大学教师师德的监督作用不够得力。在开展大学师德建设工作的过程中，如果缺乏有效的监督组织结构和监督方式，大学师德建设的实践必然会受到多重影响，相关问题就不能很好地得到解决。部分大学不够重视师德监督的重要性，没有设立相应的师德监督组织机构；有的大学虽将师德师风监督列入教育教学工作中，但是没有使监督机制真正得以落实，导致在现实的教育情境中出现一些不合乎师德标准的行为，影响了教育教学的效果，产生了不好的影响，没有真正体现协同监督的作用。

（五）师德养成意识存在缺失

内蒙古地区个别大学和大学教师对师德建设存在认识上的偏差。有的学校和教师对师德的理解存在一定问题，没有真正理解大学师德建设的实质，没有把握大学师德建设的精神，只是表层化地理解了相关问题，导致大学师德建设依然停留在表层，无法真正入心、入脑、入行。另外，个别大学教师出现职业倦怠问题。尽管大学教师的地位和待遇获得了显著提升，但是由于自身承载着内部和外部的压力，导致个别大学教师产生职业冲突，出现职业倦怠。这一状况势必导致一些大学教师出现消极、被动、否定以及低迷等心理问题，致使内心冲突加剧，甚至会随着心理冲突的加剧，变得偏执、压抑、愤怒等。还有的大学教师标新求异，不善言谈，处理不好与上级领导、同事、学生之间的关系，产生许多心理焦虑和挫败感，表现出冷漠、不关心同事、不参与集体活动等抗拒行为。

综上所述，对内蒙古地区大学师德建设要有客观的评价和认知，一方面，要看到积极的一面，要充分相信内蒙古地区大学教师的整体道德素养是非常高的。另一方面，也要认识到依然存在一些问题，并且受到多重因素的制约和影响。总而言之，我们必须理性地对待内蒙古地区大学师德建设出现的问题，客观地分析其背后的缘由，进而采取具体、有效、有针对性的措施，全方位地推动内蒙古地区大学师德建设逐步走向深入，进而全面提升内蒙古地区大学师德建设水平，不断提升内蒙古地区大学教师的师德修养，着力打造内蒙古地区高质量的大学教师队伍，从而为培育新时代的建设者和接班人提供有力支撑。

第二章 新时代内蒙古地区大学师德建设的主旨

新时代对大学教师的专业素养提出了新的要求,师德作为大学教师的象征,理应获得应有的重视,大学教师要结合时代要求,围绕师德行为规范,自觉强化自身的道德建设,不断提高内在的道德素养。新时代内蒙古地区大学师德建设旨在引导本地区的大学教师将外在的道德约束转化为内在的道德自觉,确立内在的道德信仰,树立远大的道德理想,践行持久的道德行为,从而提升大学教师的道德境界,丰富大学的道德内涵,塑造大学的德性品质,为大学践行新时代的使命提供有力保障。

一、引导内蒙古地区大学教师由他律走向自律

(一)明确大学师德建设的目标

道德建设目标是大学道德要实现的道德状态,只有明确了道德建设目标,大学才能真正采取切实的道德行动,进而逐步趋向道德完善的自我。大学应当将塑造自身完美的德性作为自身追求的道德目标。亚里士多德认为:"德性确定一个正确的目标,明智则提出达到目标的手段。"[1] 弗兰克纳《善的求索》主张:"德性是一个人所具有的或力求具有的心灵的气质、习惯、品质或品性。"[2]

---

[1] 亚里士多德.亚里士多德全集(第八卷)[M].北京:中国人民大学出版社,1994:134.
[2] 威廉·K.弗兰克纳.善的求索——道德哲学导论[M].黄伟合,等译.沈阳:辽宁人民出版社,1987:135.

日本的西田几多郎曾说过："我们不一定能说在物质上有力量的东西对人心也有力量。对人心有力量的东西是最能引起我们的欲望的，即对我们是有价值的东西。因此，不是根据力量与否去决定价值，倒是根据价值去决定是否有力量。"❶此处所讲的对人心最有力量的东西，最能引起人的欲望的东西就是指德性。德性是可贵的、被称赞的、被欣赏的品质。亚里士多德说："每种德性都既使得它是其德性的那事物的状态好，又使得那事物的活动完成得好。"❷那么，大学的德性就是既使大学完善又使大学良好地完成它的任务的品质。德性是大学的根本，影响着大学的精神面貌，德性是大学精神的核心。

德性是大学作为时代风向标的标志。"人一旦趋于完善就是最优良的动物，而一旦脱离了法律和公正就会堕落成最恶劣的动物。不公正被武装起来就会造成更大的危险，人生而便装备有武器，这就是智能和德性，人们为达到最邪恶的目的有可能使用这些武器。所以，一旦他毫无德性，那么他就会成为最邪恶残暴的动物，就会充满无尽的淫欲和贪婪。"❸那么，如何将大学培育为德性完满的大学呢？大学道德建设作为教化的形式，通过将道德引入大学领域，能够涵养大学群体与大学个体的德性，引导大学趋向于德性完满。德性作为内在的道德力量，是引导大学践行道德行为的内在动力。德性形成具有稳定性，不会受到外在的侵扰。具有德性的大学能够保持高贵的品格，凝聚内在强大的道德力量，因为其内在已经积淀成了丰富的德性品质，能够应对各种挑战，因此，必须通过大学道德建设着力强化大学的道德建设，塑造大学良好的德性品质。

（二）培育大学教师的道德选择力

大学教师的道德选择是其在一定的道德背景下，面临多重道德选择方案时，依据某种道德标准在不同的价值准则或者善恶之间进行自主自愿的选择。大学教师的道德选择力是指大学教师作为道德主体所具备的道德认知、判断、

---

❶ 西田几多郎.善的研究[M].何倩,译.北京：商务印书馆,1965：90.
❷ 亚里士多德.尼各马可伦理学[M].廖申白,译.北京：商务印书馆,2006：45.
❸ 亚里士多德.亚里士多德全集（第九卷）[M].颜一,秦典华,译.北京：中国人民大学出版社,1997：7.

抉择以及影响力。具体而言，也就是指大学教师能够高效地进行道德活动必须具备的内外部条件。大学教师道德的选择力是大学群体与大学个体道德能力的体现。大学教师的自由意志既是道德选择的前提，也是道德选择的最终目的。大学教师的道德选择力在理性的前提与目的之间充当媒介与手段，其外在表现是大学教师的道德水平、道德境界以及解决道德难题获得更大道德自由的能力。

大学师德建设的特征就在于，它是基于个人对他人、对社会道德关系的自觉认识的一种自觉选择，是人们在一定的道德意识支配下，在不同的道德准则或善恶冲突之间所作的自觉自愿的选择。因此，大学师德建设要着力培育大学教师的道德选择力，引导大学教师学会选择，选择道德的生活，恪守道德的准则，提升道德的境界。

（三）营造大学的道德氛围

道德氛围是大学道德建设的成长环境，是大学民主治理、自由参与、协同合作、良好契约关系的体现，注重发挥大学教师的主体作用，重视大学内部和谐关系的建构，着力创设公平、正义的大学校园环境，进而促进大学道德建设的深入实践。大学外部规定的实现，取决于大学内在的条件。大学道德建设的宗旨就在于引导大学由他律走向自律。他律属于外在的约束，如相关法律、制度、规范等。自律源于内在的自觉，如道德信念、道德律令、道德准则等。自律侧重道德的内在要求、内在约束、内在向往，是意志自律，是理性监控下的自律。大学道德建设旨在为大学营造良好的道德氛围，提供持续的道德关怀，创设优质的道德生活，能够引导大学通过意志努力，将外在的道德要求、制度规范、礼仪文化等内化为自身的道德信条和愿意坚守的道德律令，进而形成自我的善良意志。大学道德建设致力于通过道德建设强化大学的道德教育，推动大学增强自律意识，确立合理的道德价值取向，形成道德共识。

大学道德建设能够引导大学教师热爱德行，塑造自我高贵的道德品质。19世纪法国的史达尔夫人说："对德行的爱是一个取之不竭的源泉，可以灌溉一切艺术，灌溉一切思想的产物。"❶大学教师要塑造内在的道德之美。德谟克利特指出："那些偶像穿戴和装饰得看起来很华丽，但是，可惜！它们是没有心的。"❷内在心灵之美才是真正的美，外在的只是形式。荀子说："术正而心顺之，则形相虽恶而心术善，无害为君子也；形相虽善而心术恶，无害为小人也。"(《荀子·非相》)因此，大学内在的美才是稳定的、持久的、永恒的，外在的经不住考验，内在的才是坚固的。坚持在法治的同时强调德治，是引导大学从他律走向自律的应然道路。只有这样，才能凝聚大学的道德力量，创设大学的道德氛围，引导大学由他律逐步走向自律。

二、提升内蒙古地区大学教师的道德品质

（一）强化大学教师的道德自觉性

大学教师道德建设的根本还是依赖于道德主体。道德主体面临多重选择，善的与恶的，道德的与非道德的，美的与丑的，这就需要道德主体能够有自我的道德判断，能够趋善避恶，能够长善救失，这样才会逐步成为具有较高道德素养的人，反之，必将落入俗套，成为庸俗的人。每一个大学教师必须自觉投入道德建设的进程中，并且要把自身打造成德性完满的人。正如费希特所言："传播道德性的首要规则将会是这样的：你要向你的同胞指出值得尊重的东西。但是，除了我们自己的道德思维方式和道德举止，我们几乎不可能向他们指出在这方面还有更加合乎目的的东西。从这里就产生了好榜样的职责。"❸大学教师必须以道德楷模为标杆，不断强化自律意识，明确道德义务，使自我的品行合乎道德律令，只有这样，才符合大学教师的身份，才能提升大学的道德品性，最终引领社会道德风尚，提升社会道德水平，促

---

❶ 蒋孔阳.十九世纪西方美学名著选（英法美卷）[M].上海：复旦大学出版社，1990：310-311.

❷ 北京大学哲学系美学教研室.西方美学家论美和美感[M].北京：商务印书馆，1980：16.

❸ 费希特.伦理学体系[M].梁志学，李理，译.北京：中国社会科学出版社，1995：319.

进社会道德和谐。

大学师德建设能够引导大学教师摆脱物欲的牵绊，克服本能的冲动，进而肩负道德的责任，服从道德的准则，激发道德的力量，践行道德的行为，最终成为道德的人。如果缺失道德的根基，大学教师就会为欲望所奴役，丢失大学人应有的品性，沦落为无知无德之人。道德是人内在的表征，是人最本质的东西，使人由自然的生命走向精神的存在。道德提升了大学教师人格的魅力，升华了其内心的境界。道德呵护着人的尊严，不可跨越，不容忽视，不许践踏，是大学教师内在的理性情感与道德支撑。"作为一个人的品格，诚实、真挚，以及由这些产生出来的激发别人的力量和唤起别人的共鸣，才是吸引他人的力量。"[1] 道德高尚的人，能够以其道德魅力感染周围的人，激发人的内在道德向往，促进他人的道德化。君子之德风，小人之德草，草上之风必偃。君子品德完美，自然深深吸引周围的人向之靠拢。法国哲学家柏格森强调，伟大的道德人格"拨动我们内心的生命，我们感到它后来完全渗透了我们，我们也希望做它的门徒，暂时把我们自己托付给这个人格。事实上，一旦我们接受某一典范，这种人格便开始存在。"[2] 道德人格是一种无形的道德教化力量，引导大学不同的道德主体向道德的顶峰攀登，努力达成自我的道德目标，提升自身的道德境界，实现自我的道德理想。

（二）丰富大学教师的德性

德性是宝贵的、被赞美的、被赏识的优秀品质。亚里士多德说："每种德性都既使得它是其德性的那事物的状态好，又使得那事物的活动完成得好。"[3] 那么，大学的德性就是既使得大学完善又使得大学良好地完成它的任务的品质。德性是大学的根本。德性是人作为完满、高贵的动物的标志。"人一旦趋于完善就是最优良的动物，而一旦脱离了法律和公正就会堕落成最恶劣的动物。不公正被武装起来就会造成更大的危险，人生而便装备有武器，

---

[1] 池田大作.我的人学（上）[M].铭久,等译.北京：北京大学出版社,1990：180.

[2] 亨利·柏格森.道德与宗教的两个来源[M].王作虹,成穷,译.贵阳：贵州人民出版社,2000：26.

[3] 亚里士多德.尼各马可伦理学[M].廖申白,译.北京：商务印书馆,2006：45.

这就是智能和德性，人们为达到最邪恶的目的有可能使用这些武器。所以，一旦他毫无德性，那么他就会成为最邪恶残暴的动物，就会充满无尽的淫欲和贪婪。"❶ 道德是大学教师最为宝贵的财富。"作为人而能够拥有的最辉煌的桂冠和最高的荣耀。它，是一个人最可宝贵的财产；它，构成了人的地位和身份本身；它，是一个人在信誉方面的全部财产。"❷ 这是一个人的道德的魅力。道德是人之为人的根本。

人之所以为人，在一定意义上，源于人的道德属性，正是道德的属性使人成为真正意义上的人。"水火有气而无生，草木有生而无知，禽兽有知而无义；人有气、有生、有知亦且有义，故最为天下贵也。"（《荀子·王制》）作为大学教师，受道德的约束，将自我控制在合乎社会道德规范之内，成为明道德、知礼仪、讲廉耻的大学人。道德为大学教师的内在尺度。缺乏道德素养的大学教师，也就缺乏立足的根本。如果大学教师缺乏道德的支撑，大学教师的精神世界就会瓦解。大学道德建设就是要强化大学教师的道德实践，引导大学教师在一定的社会关系中进行道德实践，通过道德实践展现自身的特性，塑造自我的道德品格。通过道德实践，大学教师不断追求真善美，实现知情意行的有机统一，从而丰富内在的道德品性。

（三）涵养大学教师的人性

大学道德建设能够养育人性。霍尔巴赫指出："适合于人的道德学应当建立在人性上；它应当告诉人什么是人，什么是人给自己提出的目的，以及达到这个目的的方法。而对你的目的，这就是全部道德学的提要。"❸ 假如将人性论作为道德修养论的理论前提，那么，道德完备则是人性论的最高目标和追求。大学教师要通过自觉的道德养成，塑造自我，改变自我，张扬自我，以提升人性，升华道德，使自我成为道德完备的、能够肩负大学使命的道德

---

❶ 亚里士多德.亚里士多德全集（第九卷）[M].颜一，秦典华，译.北京：中国人民大学出版社，1997：7.

❷ 塞缪尔·斯迈尔斯.人生的真谛[M].刘曙光，选译.北京：北京图书馆出版社，2001：3.

❸ 北京大学哲学系外国哲学史教研室编译.十八世纪法国哲学[M].北京：商务印书馆，1963：649.

的人。大学教师追寻的最美的境界无疑表现为心灵美与外在美的和谐一致，如孔子所言："质胜文则野，文胜质则史。文质彬彬，然后君子。"（《论语·雍也》）道德的美是形象美与精神美的完美统一。车尔尼雪夫斯基曾说过："人是最高级的实体；所以人的个性是我们的感觉所能感受到的、世界上最高的美……"❶因此，大学教师要不断塑造自我完满的个性，充实自我的人性。

大学道德建设能够培育大学教师的理性自觉。究竟应该如何选择道德生活，怎样坚守道德生活，这需要大学教师认真琢磨，仔细思考，只有这样才能真正实践自我生命的价值，体现自我道德存在的意义。大学教师要有一种历史存在感。亚里士多德主张："我们应该尽力使我们自己不朽，尽力按照我们里面最好的东西来生活；因为即使它在量上很微小，但是在力量和价值上却远远胜过一切东西。这东西似乎就是每个人的本身，因为它是人的占统治地位的和更好的部分。所以，如果人不选择他自己的生活而选择别的东西的生活，那就太奇怪了。"❷人性的完满需要群体性的展现。大学教师存在于共同体中，受到共同体的影响，要根据现实状况选择自我的道德生活，确立内在的道德目标，才能使自我的道德目标获得完美体现。

道德的影响力是巨大的，只要每一个大学教师能够自觉加强自身的道德建设，就能带动群体道德的提升，使道德养成在大学中蔚然成风，促进大学整体道德的进步。道德高尚的人能够通过自身行为展现自身道德的品格，获得他人的尊重，赢得人们的信任，引导人们的效仿。大学教师作为社会道德的引领者，理应塑造自身高尚的道德人格。通过自身的道德建设，引领社会大众的道德建设，营造一种氛围，形成一种时势，强化大学的凝聚力，引领大学的道德风尚。大学道德建设能够提升大学教师的道德修养，塑造大学教师的道德人格。德不孤，必有邻。大学教师的道德修养不仅能够陶冶自我的心性，而且能影响周围的道德状况。真正的道德不是个人的内在境况，必然要辐射周围，以自身高贵的道德品质、高尚的道德情操、高贵的道德行为，成为他者效仿的道德楷模。只有这样，才能使大学教师的人性更加饱满，实

---

❶ 车尔尼雪夫斯基.美学论文选［M］.缪灵珠，译.北京：人民文学出版社，1957：41.
❷ 北京大学哲学系外国哲学史教研室.古希腊罗马哲学［M］.北京：商务印书馆，1961：328.

现大学教师与他者、与其他群体的多向互动，共同提升大学的道德品质。

三、塑造内蒙古地区大学教师的实践智慧

实践智慧作为一种德性品质，对于教师自身的发展具有积极意义。实践智慧能够引导教师积极确立自我存在的价值，良好地存在于这个世界上。基于"明智、责任、行动、幸福"四个维度探讨教师实践智慧的实质，将有助于理解实践智慧的内涵，把握实践智慧的意义，引导教师逐步提升自我的教学艺术。

实践智慧是教师所应具备的德性品质，实践智慧要体现在教师的教育实践中。实践智慧不是先天具备的品质，而是教师通过自我的体悟，逐步获得的重要德性品质。依据亚里士多德的观点，实践智慧"是一种同善恶相关的、合乎逻辑的、求真的实践品质。"[1]实践智慧属于理智德性，其是教师的精神生活的重要构成部分。那么，怎样提升教师的实践智慧呢？这是教师必须重视的问题。教师在教育过程中，通过在真实的情境，积极反思、感悟、实践，必将能够逐步生成自我的实践智慧。

（一）明智

明智是实践智慧的构成要素。"没有明智也就没有正确的选择，正如没有了德性一样。因为德性提供了目的，明智则提供了达到目的的实践。然而，明智并不是智慧的主宰，也不是灵魂更高部分的主宰。"[2]那么，明智如何显现在教师的精神生活中，这是需要教师在实施教育活动时积极思考的重要问题。通过教师自我谋划、设计、选择，解决在教育活动中遇到的不同难题，在不断地直面现实、克服难题的过程中，教师将不断锤炼自我的明智品质。在明智的教育活动中，实践智慧将不断融入教师的教育艺术中。亚里士多德

---

[1] 亚里士多德.尼各马可伦理学[M].廖申白，译.北京：商务印书馆，2006：173.
[2] 亚里士多德.尼各马科伦理学[M].苗力田，译.北京：中国人民大学出版社，2003：135.

认为：“明智在于深思熟虑，判断善恶以及生活中一切应选择或该避免的东西，很好地运用存在于我们之中的一切善的事物，正确地进行社会交往，洞察良机，机敏地使用言辞和行为，拥有一切有用的经验。”❶明智需要经验的积累，需要积极的思索，需要现实的磨练。教育实践是培育教师明智品质的有效形式，教师教育活动的过程就是化育自我明智品质的过程。教育活动作为教师的发展方式，自身的关系也是错综复杂的，教师在教育活动的过程中，需要面对各类难题，处理各种问题，这都有助于培育教师的明智品质。因此，教师在教育活动中要不断地思索、不断地尝试、不断地选择，使自我明智地思考教育过程中遭遇的各类难题，明智地选择解决这些难题的方法，从而在明智的抉择中培育自我明智的品质。

明智能够引导教师明辨是非、甄别善恶。在此基础上，教师才能正确地决断，合理地行动。教师必须在智能上有所准备，才能培育自己的敏感性。那么，明智涉及哪些方面呢？明智的条件主要分为三类："①提供信息，使社会公民能根据这些信息采取明智的行动；②教育公民，使之能有效地使用所提供的信息；③发展协商的艺术，使智力能以合作的方式运用于解决社会问题。"❷针对上述明智的条件，在教育活动中，教师要充分发挥教师的自主性，充分展现教师的想象力。同时，使教师积极开动脑筋，通过独立、合作、交叉的方式解决教育活动中遇到的问题，进而培育教师的理智力。教师必须有养成明智态度的一种取向。明智的态度是教师必须具备的，否则，人生将会出现盲区，容易误入歧途。教师必须通过实际操作，切身去感悟，积极去反思，以明确明智的意义，从而将自我合理地定位，将生活合理地定位，将人生合理地定位。因而，教师的理智力的涵养至关重要，它关系着教师能否良好地建构自我未来的幸福生活。未来是教育活动的创造和产物，而教育活动又是所有创造和产物的源泉。未来基于现在，现在构成未来，所以，教师要在教育活动中理智地抓住现在，实现自我的超越。如果没有立即把握住

---

❶ 苗力田.亚里士多德全集（第八卷）[M].北京：中国人民大学出版社，1996：460.
❷ 科恩.论民主[M].聂崇信，朱秀贤，译.北京：商务印书馆，2007：158.

现在就会错失一个机会；因此，没有把握住现在是不可谅解的，也是不可能轻易得到宽恕的，更别说证明是正当的。现在是教师的人生的构成，教师的人生就是现在的不断显现，所以，教师在教育活动中要抓住现在。事实约束理智，而明智则是我们行动的先导。明智比经验更可贵，没有明智的指引，行动将是盲目的。因而，不能忽视教师的明智力的涵养，片面地强调感性的快乐。总之，只有将明智与事实进行完美地结合，教师才能够更好地参与现实的社会生活。

（二）责任

责任是教师德性品质的重要构成要素。责任是教师成长过程中形成的一种对自身心理和行为的规定性，它包括外在的社会规定性，也包括个体内在的自我规定性。培育教师对别人的责任感，在教师的精神生活中是十分必要的一环，因而，教师通过具有教育性的教学引导学生塑造自我幸福的过程中，体验着自我的责任感，这种感觉不是来自每个人任意的一个客体，而是来自纯粹的实践理性。

在遵从理性准则的前提下，教师必须通过现实的教育情境，培育自我的责任感。在教学过程中，明确自我的角色意识，认清自我的身份，投入自我的角色行为中。在明确角色意识的基础上，明确角色所要承担的责任内容。角色责任内容不是固定不变的，而是流动的，因此，在教学过程中，要结合实际，结合自身特点，赋予相应的角色责任内容。在教育实践过程中，积极践行责任内容，培育独立承担责任的能力，自由选择责任的判断力以及对自由选择的行为后果完全负责的能力。当然，自由选择不是随意的，它建立在理性思考的基础上。在此前提下，通过教师独立解决教学中的问题，体验作为教育者的责任感，从而逐步承担起对社会、对他人以及对自我的责任。同时，也要使教师明白，如果丢失了起码的责任感，就不可能有真实的自我，也不可能获得真正欢乐的生活。因此，在当前的教育历程中，教育者要主动担当重担，从而渐渐化育自我的责任感，最终使自我负责任地生活，负责任地存在。

（三）行动

　　行动不是鲁莽，而是反思性、政治性以及理智性的活动。帕森斯所称之为关于行动的一般理论的水平上，认为行为有四个互不相同的、在象征的意义上被组织的强调："①寻求心灵的满足；②译解符号意义的兴趣；③适应物质——有机环境的需要；④与人类的其他成员发生联系的企图。"❶那么，怎样显现行动这一丰富的意蕴呢？教育活动作为沟通教师与客观世界的方式，通过教育活动，能够引导教师在适应客观世界的过程中逐步取向行动的人生。行动不是刻板的行为，它蕴含着人生的意义。因而，只有当行动不是被动地而是一种自觉地展现精神的举动时，也就是说，只有当它与人生意义不分离的时候，行动才是人类的行动。行动是人类所特有的，行动丰富着人性。行动蕴含着丰富的思想，行动不是任意而为的举动，它建构着个体意义的人生。教师应当享受一种行动的人生，在这种人生中，教师展现自我的精神诉求，化育自我良好的德性品质。行动的历程能够丰富教师的人生，充实教师的精神世界。行动的过程也就是教师担当责任、承载价值的历程。在行动的历程中，教师展现自我的精神品质，从而也在对自我的德性的完备中追寻精神的优异性。行动的过程，即追求自我精神愉悦的过程。在行动中，教师获得归属感，分享文化的盛宴，寻求对世界的理解。因而，教师要通过理智的行动，将自我更好地融入教育生活，从而化育自我的公共理性，丰富自我的实践智慧。

　　实践智慧在于切实地行动。亚里士多德认为："我们做公正的事情才能成为公正的，进行节制才能成为节制的，表现勇敢才能成为勇敢的。"❷对于亚里士多德而言，实践智慧在于积极地行动，只有在行动中，一个人才能理解什么是善，什么是恶。没有行动支撑的个体将无法深刻地领会什么是至善。实践智慧在无形之中激发人的潜能，刻画人的行为，引领人前进的路向。教师作为人类灵魂的塑造者，更要不断丰富自我的实践智慧，而且要将实践

---

❶ 玛格丽特·波洛玛.当代社会学理论［M］.孙立平，译.北京：华夏出版社，1989：137-138.
❷ 亚里士多德.尼各马科伦理学［M］.苗力田，译.北京：中国人民大学出版社，2003：26.

智慧贯穿于自身的教育行动中,这就要求教师多参加现实的教育实践,选择生动的场景进行教育活动。在参加丰富多彩的教育活动中,去体验、去体会、去体悟,从而使教师在教育行动中把握教育的真谛,改变错误的观念,进而丰富教学艺术,提升教育品质。总之,教育行动是培育教师的实践智慧的良好场域,教师在享用教育行动的过程中,感受自我的智慧、荣誉以及自尊,并为自我的教育成就而自豪。因此,教师要想拥有实践智慧,就必须积极投身于现实的教育行动中。

(四)幸福

实践智慧追寻着幸福。"幸福——就在于诚实、正直和高度的原则性。要像珍视生命和个人荣誉那样珍视真理。要毕生为真理而斗争,而这个真理意味着:生活中没有哪件事情不与你有关。"[1]幸福就是崇高的生活目的。幸福之颠寓于创造性教育活动中,创造性教育活动能给教师带来可贵的自豪感。教师必须明白,在任何一项教育活动中都可以攀登高峰,都能成为创造者。不要使教师鄙弃任何一种教育活动。教育活动是教师获得幸福的有益方式,教育活动能够帮助教师使个人幸福与公共幸福相契合。幸福是现实的创造性教育活动,幸福是以其自身而被选择的东西,而不是为了他物而被选择。在追寻幸福的创造性教育活动中,实践智慧将获得生成,这样的教育活动是以其自身而被选择的,除了教育活动之外,对其他别无所求。这样的教育活动就是合于德性的行为,它们是美好的行为、高尚的行为,是由自身而被选择的行为。因而,在当前的教育活动教育中,要将愉快而崇高的思想感情跟创造性教育活动联系在一起,从而引导教师丰盈自我的心灵,感悟幸福生活的真谛以及建构自我的实践智慧。

教师在互为的教育活动中,创造着幸福。教师不是孤立的存在者,无法脱离他者而存在,必须为他者服务,才能凸显自身存在的价值与意义,获得他者的承认,创造属于自我的幸福。因此,要引导教师感受他人,理解他人

---

[1] 苏霍姆林斯基.帕夫雷什中学[M].赵玮,王义高,蔡兴文,等,译.北京:教育科学出版社,1983:113.

的灵魂，使教师看到他人的欢乐、灾难以及不幸。要引导教师去思考、去感受：看你的行为会对他人的心灵产生什么样的影响。另外，要引导教师明白，不能感情冷漠，感情冷漠就是心灵失明。教师要公平地对待学生，要爱学生，要为学生服务。教师在服务学生的过程中，感受自身存在的价值与意义，所以，完全孤独的教师是不可能存在的。因而，在教育活动中，教师通过与他者的共谋，创造属于自我的幸福生活。

通过感受人生的幸福，教师积极参与为他人的幸福作出贡献的教育活动，这将有助于教师创造幸福。对于任何衡量我们行为的正误，无法具体描述，所以，给予他人的多少，抛弃私欲的程度，在一定意义上反映了个人行为品质的高尚与否。穆勒的名言是："做一个不满足的人胜于做一只满足的猪；做不满足的苏格拉底胜于做一个满足的傻瓜。如果那个傻瓜或猪有不同的看法，那是因为他们只知道自己那个方面的问题。而相比较的另一个即苏格拉底之类的人则对双方的问题都很了解。"[1]个体对幸福的不同理解，导致了不同的生活方式。心灵的欲求影响着人获得幸福的可能性。在教育活动的过程中，通过教育活动生活的体验，教师明白：幸福不能够以数量来衡量，幸福必须着眼于生活的质量。美好的生活既要体现自我，也要体现他人存在的价值与意义，这才是最根本的维度。否则，生活必将处于惨淡的、无生气的、呆板的状态。幸福是快乐的人生状态，但快乐不是无界限的沉迷。完全过量的快乐将成为生活的重负，压得人喘不过气来，那不是幸福应有之义，只能是自我的压抑、负重、默默地忍受。幸福是流动的而不是僵化的状态，幸福是多面的而不是单一的价值趋向。因此，在教育活动世界中，教师必须积极创造幸福，使教师在多面中感悟人生的快乐。

教育活动必将引导教师逐步揭开幸福的神秘面纱。教师作为时代文化的引领者，不应该故步自封，而是应当追寻幸福的生活状态。但是，幸福生活的获得不可能一帆风顺，而是充满荆棘与苦涩，它需要坚定的信念、顽强的毅力以及执着的精神。幸福生活是值得过的理想生活状态，也许其无法真正

---

[1] 穆勒.功利主义[M].徐大建，译.上海：上海人民出版社，2007：10.

地实现,但是教师必须在教育活动中用心灵不断地感受,在执着的探寻中体验幸福生活的真谛,理解实践智慧的实质。总之,实践智慧是可贵的、被称赞的、被欣赏的德性品质。那么,教师的实践智慧就是既使得教师自身完善又使得他良好地完成他的任务的品质。实践智慧是教师的根本,影响教师的精神面貌。实践智慧是教师精神的核心。实践智慧是教师作为人类灵魂工程师的标志。

四、丰富内蒙古地区大学的德性

(一)净化大学的道德风气

道德风气是道德价值观和行为方式社会化的结果,是一种可以感知或体验的道德状况,因而是判断一个大学的实际道德水平的直观尺度。通过大学道德建设,净化大学的道德风气,塑造大学的德性,使大学风清气正。大学道德风气反映大学的道德水平,表征大学的道德文明。大学的道德风气具有潜移默化的作用,发挥无形的作用。"风气影响及于实际生活,具体化为典章制度,深入人心,积久不变。"[1]道德风气影响大学的道德生活。道德风气能够促进大学教师的身心健康发展,振奋大学教师的精神,维护大学秩序和谐。良好的大学道德风气需要每一个大学教师的积极参与、积极维护以及积极实践。大学教师的发展与大学的发展是相互促进的,大学教师能够互相产生道德影响,只要能够推己及人,就能够营造良好的大学道德风气。同时,大学自身的进步也影响大学教师的道德性的发展。大学德性的培育是每一个大学教师与大学互相砥砺的过程,大学德性由大学教师的德性构成,没有大学教师的德性也就没有大学的德性。反之,大学的德性也影响大学教师的道德品性形成,没有道德文明的大学,也不会有道德的大学教师。总之,良好的大学道德风气是由大学中的每一个人共同创造的,只要每一个大学教师自

---

[1] 贺麟.文化与人生[M].北京:商务印书馆,1988:236.

觉加强道德建设，不断提升道德素质，那么，大学道德风气就会愈加浓厚。

促进大学道德完善是净化大学道德风气的目标。道德修养是趋向至善的基本路径。伦理是以善为价值尺度的，道德所追求的是善的价值，而不是别的价值。善是个体道德价值的基础，也是德性价值的基础。从价值层面看，善的本原体是价值，而道德意义上的善是最有价值的东西。梯利在《伦理学概论》中写道，"我们可以用至善表示：人类认为是世界上最有价值的东西，它具有绝对的价值，正是由于它的缘故，其他被意欲的一切才被意欲"❶，至善成为伦理学研究的出发点及其所要达成的最终目的。舍勒认为："一种完善的行为不仅包括所追求的客观之善，也拥有作为'至善'的对其建立在客观基础上的价值优先的自明性的认识。"❷ 转变大学道德风气，就是要力求引导大学弘扬善性，趋向道德的完善。这种善性需要引导，需要塑造，需要检验。大学道德建设就是要引导大学学会道德选择，强化大学道德自律，丰富内在的善性，反之将丢失善端。"凡有四端于我者，知皆扩而充之矣，若火之始然，泉之始达。苟能充之，足以保四海；苟不充之，不足以事父母。"（《孟子·公孙丑上》）但是，大学善端的发展并不是从外部强加于大学的，而是大学自觉的内在的养成，所以，大学要想形成善性，必须强化内在的道德养成，存心养性，清心寡欲。"养心莫善于寡欲。其为人也寡欲，虽有不存焉者，寡矣；其为人也多欲，虽有存焉者，寡矣。"（《孟子·尽心下》）大学只有通过存心、养性、寡欲，摒弃杂乱、浮躁、私欲，持续强化大学自身的道德养成，才能摆脱外在的羁绊，回归道德的世界，逐渐成为德性完满的大学，最终实现大学道德建设的夙愿。

（二）维护大学的道德生活秩序

大学道德生活秩序是指大学行为的价值体系或规范体系，是大学内部多重关系在意识形态的交往中表现出来的特征，包括道德价值、道德规范、制

---

❶ 弗兰克·梯利.伦理学概论[M].何意,译.北京：中国人民大学出版社,1987：138.
❷ 马克斯·舍勒.价值的颠覆[M].刘小枫,等译.北京：生活·读书·新知三联书店,1997：306.

度体系等。大学道德生活秩序是大学应当享有的一种生活，因为，大学的生活应当是道德的生活。大学的道德被视为大学文明的内在尺度。无数历史事实说明，缺乏道德滋养，大学的成长便缺失稳固的根基；缺乏道德的支撑，大学的精神世界就会枯萎甚至坍塌。道德的力量能够为大学的稳固发展打下坚实的基础。大学道德作为大学文明的基石，无时无刻不在潜移默化地浸染着大学的心田，塑造着大学的精神，陶铸着大学的灵魂，促进着大学秩序的和谐。在大学治理中，道德始终是一种重要的力量，通过塑造道德人格，培养道德品性，凝聚大学的人心，汇聚大学的力量，进而转变大学教师的思维，平和大学教师的心态，促成大学教师的共识，以构建秩序和谐的大学生活世界。

　　道德体现了大学生活世界的条理与秩序，又保证了大学的和谐与温馨。大学道德建设与大学法治都是大学的稳定剂。大学道德建设强调的是内在的道德约束，最终的归宿是维护大学的稳定，维持大学的秩序。麦金太尔在《德性之后》一书中写道："德性就是去做公认的秩序要求做的事情。"[1]大学道德建设能够引导大学教师在大学共同体中互相尊重，重视礼仪，遵守规则，使大学教师的内心清静，恪守外在的行为规范，促进大学共同体的和谐发展。"古者圣王以人之性恶，以为偏险而不正，悖乱而不治，是以为之起礼义，制法度，以矫饰人之情性而正之，以扰化人之情性而导之也。"（《荀子·性恶》）大学道德建设通过持续的道德建设，建构规范的道德体系，约束大学内外部的行为。大学道德建设通过扬善惩恶，剔除过度的欲望，不断强化自身的道德修为。大学只要不断强化道德建设，以虔敬的态度体验道德的意蕴，就能达至应有的道德境界，成就大学的道德理想，构建良好的大学道德生态系统。

（三）提升大学的道德文明

　　道德文明是道德的历史积淀，时代凝结；是美德的结晶，文化的彰显；

---

[1] 麦金太尔.德性之后[M].龚群，戴扬毅，译.北京：中国社会科学出版社，1995：169.

是当下的沉淀，未来的显现，滋养着人类的心灵，引领着社会的进步。大学在一定意义上是一个有机的道德生态系统。但由于受到各种因素的侵蚀，大学的道德生态系统遭到了破坏，出现了不和谐、无规则、无秩序等现象，致使大学内部道德系统混乱，严重阻碍了大学的发展。因此，为了重构大学的道德生态系统，必须强化大学道德建设。通过实施大学道德建设，强化大学群体与大学教师的道德建设，丰富大学的道德素养，提高大学的道德水平，提升大学的道德文明，进而优化大学的内部结构，厘顺大学的利益关系，明确大学的道德使命，促进大学内部的和谐，逐步完善大学的道德生态系统，提升大学的道德文明。

道德是大学文明的内在尺度。"所谓文明是指人的身体安乐，道德高尚；或者指衣食富足，品质高贵而说的"。❶ "文明之为物，至大至重，社会上的一切事物，无一不是以文明为目标的。……能促进文明的就是利就是得；反之，使文明退步的就是害就是失。"❷ 大学道德建设应当以提升大学文明为取向，逐步规范大学制度，净化大学风气，振奋大学精神，激发大学活力，丰富大学德性，进而提升大学的文明。大学文明涉及大学教师的文明与大学群体的文明。大学教师的文明涉及大学教师的身心状态、道德风貌与精神状态。大学群体的文明展现的是大学自身的价值取向、态度立场与德性状况。大学文明是大学教师的文明与大学群体的文明的有机统一，共同展现大学的存在状态。大学文明不在于外在的物质形态，而在于内在的德性品质。大学道德建设能够引导大学教师积极履行责任，承担义务，遵守规则；大学群体团结协作，稳定有序，和谐敦睦。通过大学道德建设，每个人都能获得发展，获得所求，获得所感。在大学教师与大学群体的良性互动中，大学群体能够互利互为，协同合作，共谋道德，充分享受大学浓郁的文化氛围，融入大学良好的道德环境，共建大学美好的精神家园。

---

❶ 福泽喻吉.文明论概略［M］.北京编译社，译.北京：商务印书馆，1959：32.
❷ 福泽喻吉.文明论概略［M］.北京编译社，译.北京：商务印书馆，1959：30.

第三章　新时代内蒙古地区大学师德建设的缘起

新时代内蒙古地区大学师德建设符合时代的要求，新时代内蒙古地区的大学教师要有新的精神风貌，要承载新的时代使命，要肩负新的担当。为此，有必要强化内蒙古地区大学教师自身的道德建设，引导内蒙古地区大学教师将道德养成自觉纳入自我的职业发展过程，从而将内蒙古地区大学师德建设逐步引向深入，最终打造高素质的大学教师队伍，服务于本地区高等教育事业健康、快速、有序发展的现实需要。

一、新时代对大学教师的要求

（一）引导大学教师趋向道德状态

大学师德建设就是运用理性之光去引导教师逐步趋向道德状态。大学师德建设要培育教师敬重的心理、在内心中怀揣对至善、对自然的敬重。只有敬重才会用虔诚的心去对待、认可至善，并致力于不懈地追寻中，这样才可能一步一步靠近至善，逐步感受它的本义。敬重而不是快乐或对幸福的享受，才是某种不可能有任何先行的情感给理性提供根据的东西。它作为通过法则对意志直接强迫的意识，与愉快的情感几乎没有类比性，因为这种意识在与欲求能力的关系中恰好造成同样的东西，却是出自另外的来源；但我们唯有通过这种表象方式才能达到我们所寻求的东西，即行动不仅仅是合乎义务（依照快适情感）发生的，而且是出自义务而发生的，这必须是一切道德教养的真正目的。敬重是不夹杂庞杂的东西的，它是发自内心的，没有欲望的驱使，没有利益的驱动，更没有自私的心理，它是纯真的、无邪的、道德的状态。我们只有对至善怀着敬重的心理，才有资格去谈对至善的把握。否则，还是停留在口号，停留在表面的形式，永远达不到至善的状态，人永远将栖居在自我的狭小的天地里，在悲哀地欣赏着自认为是优美的风景，殊不知其有多么悲哀，多么凄惨。现代人缺乏对至善、对自然正当的敬重，一谈起此类话题，多数人都嗤之以鼻，觉得过于玄奥，过于抽象，好像属于另一个世界，与我们的生活毫无关系。但实际上，至善、自然都在关涉我们的生活，在评判我们的价值、意义，只是我们的理性能力有限，对它们无法形成清晰的认识，从而草率地对其进行否定，将其边缘化。

（二）引导大学教师趋向道德自律

在敬重中才能实现自律，大学师德建设要培养教师的自律，塑造坚强的意志是非常重要的。意志自律是一切道德律和与之相符合的义务的唯一原则；反之，任意的一切他律不仅根本不建立任何责任，反倒与责任的原则和意志的德性相对立。只有自律，有自我修炼的取向，有理智的真诚，有内在的求善动机，才能够很好地追寻那终极的普照者。在自律中，通过自我与他人幸福的联系，共同携手走向光明，剔除黑暗！在彼此恪守准则的前提下，共同面对黑暗，奔向光明！为迎接未来美好的生活而互相支持！在敬重中，才能做真实的自我，才能拥有智慧。尼采在《查拉图斯特拉如是说》中讲过，智慧要求我们无忧无虑，机敏幽默，强壮有力；智慧是一个女子，她永远只爱斗士。现实的教育要给人以智慧的开启，以方向的指导，给人以灵魂的澄明而不是使人愈加混沌，如果仍然困禁于黑暗的洞穴，那是令人悲哀的、痛苦的，也是作为教育人所不愿看到的！只有踏出洞穴，走出黑暗才可能去追逐至高的善，否则踟蹰不前，人将无法进步，社会将停滞不前，理想城邦的实现将会是水中月、雾中花！因此，教育者要像理想国中的哲学家一样，要用至善来引领现实的人们，使他们有走出洞穴的渴望，使他们燃起希望。

（三）引导大学教师维护道德权利

在敬重中，通过自律，自我才会恪守道德律，维护合乎自然的权利。通过师德建设，鼓舞大学教师摆脱压迫，挣脱束缚，争取自由。现代社会存在不公正、歧视、压迫现象。作为追求自然正当的大学师德建设，要使大学教师认识到自我的权利。人生来是自由平等的，享受着自然权利，人往往被虚假的慷慨和表面的利益蒙蔽，生活在圈套中，生活在牢笼里。这是人性的扭曲，是文化的缺失，是文明的堕落。通过大学师德建设，引导大学教师明确自身的职责与使命，使他们敢于正视现实，追问当下，展望未来。大学教师要互相对话、交流，在反思中、在批判中、在行动中追求至善，通过合作、文化认同以及实践追问大学教师的本质。认清个人与世界的关系，认清我是谁，我从哪里来，我将去何处。人既然存在，就要活得洒脱、清晰、明了，不要活在双重人格中。大学教师要在生成中存在，不要把自己限制在一个狭小的圈子内，活得闭塞、消极、沉沦。敬重不是封闭，大学教师要活在开放中，在包容中促成大学教师共同体的形成。大学师德建设不是一个人的事情，单个人的参与是无力的。只有建构共同的信仰，在敬重中，通过合作、实践、斗争，必须使多数人最终使所有人都融入大学师德建设，才能最终获得大学师德建设的预期效果。

二、实现大学育人目标的迫切需要

（一）塑造学生的道德榜样

一所大学能不能为社会主义建设培养合格的人才，培养德、智、体、美、劳全面发展、有社会主义觉悟的有文化的劳动者，关键在于教师的综合素养。可见，大学教师的师德水平尤其重要，关系着培养出来的人才质量和大学育人目标能否真正实现。新时代大学的育人目标要求大学教师不仅要有较高的知识水平、较强的综合素养、较高的思想道德素质，而且要求大学教师能够使学生接受全面良好的教育，成为全面发展的高素质人才。大学生是未来社会的新生力量，关系着社会的发展与民族的未来。大学作为培育时代新人的重要阵地，影响着大学生的成长。大学教师作为大学的主体，在大学生的发展进程中扮演着十分重要的角色。大学教师的思想观念、思维方式、人格特质以及行为特征等，都将对大学生产生深远的影响。基于此，必须强化大学教师的师德建设，全面提升大学教师的师德修养。良好的师德能够为大学生树立道德的榜样，赋予大学生无限的动能，促进大学生的全面健康成长。

（二）构建良好的师生关系

构建和谐有序的社会是一项崇高而伟大的社会工程，是我们党为推进中国特色社会主义伟大事业作出的战略抉择。当前构建社会主义和谐社会的关键是要培育和谐的理念，这对大学教师师德工作不仅提出了挑战而且提供了机遇。良好的师生关系是构建和谐校园的关键。提升大学教师师德水平，有助于促进师生的沟通、理解与合作，有助于建构友爱、温馨、和谐的师生情感氛围，有助于使高尚的师德成为大学生道德的优良基因。师生关系是教育过程中教师和学生为完成共同的教育任务进行交往而产生的关系，其直接影响学生的人生观、价值观和世界观，对大学生具有道德示范与引领作用。在大学，一旦教师与学生之间建立起融洽的人际关系，教师的关爱与激励将会使学生倍感幸福，从而提升学生的道德情感和道德行为。另外，良好的师生关系能够为构建和谐的大学秩序打下坚实的基础。融洽的师生关系既能为大学教师的专业发展提供广阔的视野，也能为大学生的全面成长提供持续的助力，进而营造和谐有序的大学校园环境，推进文明校园的建设。

（三）增强教师的道德使命感

在日常的教育教学工作中，教师能够怀揣激情与热情，全心全意地投入教育实践的前提是教师对自己从事的职业有客观的、正确的感知。一个能从学生的成长与进步中感受到幸福的教师，必定十分热爱自己的国家、职业、学生，必定满怀责任心与使命感。不具备这样的感知，没有对自己职业的正确定位，教师将无法感受到工作与学生带来的幸福。即使教师想要努力做好本职工作，但是教育教学实践往往不会一帆风顺，会遇到很多阻碍。而此刻高校教师需要正确的价值观指导，需要以较高的师德水平为前提与保证。因此，培育和践行高校的社会主义核心价值观刻不容缓。社会主义核心价值观体现了社会主义的本质要求，凝聚的政治思想、道德规范等无论是在精神上还是行动上都给予了高校教师强有力的支撑。只有将提高教师师德水平统一在培育和践行社会主义核心价值观的实践中，才能使教师真正获得、享受和给予幸福。

三、塑造大学教师道德信仰的需求

（一）塑造内在信仰

对信仰的内涵，很多学者都进行了相关探究，可谓仁者见仁智者见智。万俊人教授认为信仰是受一定文化熏陶的个体根据其特定的文化环境而选择的价值理想。其主张信仰就是一种价值理想，只是一种生活价值导向问题。而荆学明则指出信仰支配着人的心理和行为，决定着人的世界观和价值体系。与其有相类似思想的当代西方著名社会学家弗洛姆把信仰看作一种人格状态，把信仰看作一种内心态度，而把信仰的特定对象看作第二位重要的事。马克思主义认为信仰是对思想的极端尊重和信任，人们把它作为自己的言论和行为的标准和准则，是生活中人们毫无疑问执着追求的意志行为，是国家和民族的精神支柱。总体而言，信仰反映了人们内在的价值取向，是基于现实对未来的追求和向往，是对至善的追寻。

信念是内在的心理动力。在一定意义上，可以说信仰是人的存在动力系统。信仰为人的生命发展提供助力，人的发展历程需要信仰的支撑，信仰对人乃至对人类的意义十分重大。它将人的意识与行动有机统整，赋予人生以神圣和崇高的意义。信仰能够凝聚群体力量，完满人的心灵，维护良好的社会秩序。

（二）坚守道德信仰

道德信仰是人最重要的信仰，因为道德是人内心的自我约束。道德需要信仰，需要坚守，因此，道德信仰对于人的意义存在而言十分重要。康德在其哲学三大批判之一《纯粹理性批判》中，明确地把信仰划分为三类：实用的信仰、学说的信仰（教义的信仰）和道德的信仰。他认为，信仰的最高层次是"道德的信仰"。关于道德的信仰，康德指出："至道德的信仰则全然不同。盖在此处某某事象之必须发生，即我在一切方面必须与道德律相合之一事，乃绝对必然者。此处目的坚强确立，就我所能洞察，'此种目的能由以与其他一切目的联结，因而具有实践的效力之条件'，仅有一种可能的条件，即有'神'及有'未来世界'是也。我又确知无一人能知引达'此种在道德律下之目的统一'之任何其他条件。以道德的训条同时即我之格率（理性命令其应如是者）故我必信有神及来生之存在，且确信绝无动摇此种信仰之事物，盖以我之道德律将由动摇信念而颠覆，我若不成为自身所深恶痛疾之人，则不能废弃此等道德律。"[1]从康德的整个哲学体系来看，道德信仰就是对道德律的敬重和坚定信奉，其最终对象是道德与幸福统一的至善，而至善的实现必须以"神"和"来世"为条件。

我国哲学前辈贺麟先生关于道德信仰的定义则是："道德的信仰是对人生和人性的信仰，相信人生之有意义，相信人性之善；对于良心或道德法律的信仰，相信道德法律的效准、权威和尊严。又如相信德福终可合一，相信善人终可战胜恶人，相信公理必能战胜强权等，均属道德信仰。"[2]由此可以看出贺麟老先生的道德信仰是对人生和人性、良心或道德律、德福统一的信仰。这和康德的界说很相近，其区别主要在于：贺麟先生认为人性是善的，康德则认为人性从根本上说是恶的。

中国社会科学院李德顺先生在《价值学大辞典》中给出的道德信仰的定义是：对某种道德目标及其理论的信服和崇拜。他认为道德信仰是对道德的

---

[1] 康德.纯粹理性批判[M].蓝公武，译.北京：商务印书馆，1960：563-564.
[2] 贺麟.文化与人生[M].北京：北京商务印书馆，1988：92.

终极关怀，是假定（至善）概念的必然性，本身具有不可实证性，它是对理性认识的补充和超越。高兆明则认为，信仰是对人的某种存在方式或存在意义的认同，这种认同通过理性来完成并且是对理性的非理性表达，它是理性的非理性的存在方式。道德信仰是理性与非理性的统一，但它不同于宗教信仰之处在于，它具有现实性，只有在理性的基础上才能被准确地把握，否则就是迷信，但道德信仰又是道德情感的最高存在，当道德情感发展到笃信不疑、一往情深时，即为道德信仰。❶

对个人而言，他信仰什么和怎样信仰，对他整个人生具有总体的和根本的意义。"所有殉道者都是为了一个信仰生活、战斗和受难的，他们相信善终将胜利，并以此牺牲自己的生命。谁会为一个他并不相信能取得最后持久胜利的事业去死呢？"❷道德信仰是人们基于道德理想、道德信念、道德情怀与道德主张形成的稳固的道德情感、道德意志与道德行为，是内在精神的体现。道德信仰对于个人、群体、社会发展具有重要的价值。道德信仰不仅强调要信仰道德价值和道德规范，也侧重道德得以成立的根据或者其理想结果。马克思主义认为道德信仰是感性与理性的统一。道德信仰是指道德主体基于履行道德义务的责任感与义务感，心怀道德的理想和展现道德的价值，并在实践过程中体现道德情感，呈现道德意志，恪守道德行为。

道德信仰是人们在特定历史条件下形成的理性的内心支柱，它可以提升人的道德境界，塑造人的道德人格，为人的道德行为提供动力，是一个民族的灵魂，是维系民族团结，形成民族亲和力和凝聚力的思想基础；是维护社会稳定，推动社会和谐发展的精神纽带。道德信仰是人类精神生活的一种方式和状态，是人类精神的劳动。一个没有自我意识和自我感觉的人也不能说是真正意义上的人。人高于动物的地方就在于人会思维，能够分辨出主客体关系，能够认识到行为的意义和价值。道德信仰是人的精神的核心，缺乏道德信仰，个体将失去灵魂。道德信仰为人们践行道德行为提供不竭的动力。

---

❶ 高兆明.论社会转型中的道德信仰危机［J］.浙江社会科学，2001（1）：105-106.
❷ 弗里德里希·包尔生.伦理学体系［M］.何怀宏，廖申白，译.北京：中国社会科学出版社，1998：362.

对道德法则的敬重是唯一而同时无可置疑的道德动力。也就是说，道德信仰是道德行为可靠的、稳定的动力之源。道德信仰的精神动力既能有效促成道德由外在的他律向内在的自律转化，又能推动个体提升内在的道德修养。

（三）培育道德理性

大学师德建设要引导大学教师追寻道德的真谛，培育大学教师的理性能力。这种理性需要哲学来培育，大学教师加强"哲学"修炼势在必行。哲学产生于惊异、怀疑、批判和爱。哲学关乎人生的命运，关乎社会的危机和国家的兴亡。哲学开始于心灵的骚动，哲学提倡交流、对话。哲学并不能给予，它只能唤醒、提醒并帮助人们去获取和保存。这应该成为我们的生活，我们的追求，我们的理想！大学教师要加强哲学修养的训练，哲学是智慧的体操，通过研习哲学训练我们的思维，开阔我们的眼界。用心去感受、去体会、去琢磨哲学，获得个人精神境界的提升，在个人境界提升的过程中感受真理，感受阳光的温暖，感受善的普照！

在加强哲学修炼的前提下，要引导大学教师在对话、交流与合作中把握真理。在一个社会里，如果人民最终成为那种"封闭在自己的心中"的个人，那么几乎没有人愿意主动地参与自我管理。他们将宁愿留在家里享受私人生活的满足。我们的同一性是在与他人的对话中，是在与他们对我们的认同的一致或斗争中形成的。某种意义上我们可以说，这一事实的当代形式的发现和阐明，是在与发展中的真实性理想密切联系中产生的。对话诞生同一性，彼此、双方的同一性。你，我，他在互动中、关爱中、理解中，达到自我内在、生成性的存在。我们发现存在多种而不是一种文化，并且又最终承认某种文化的垄断时——不论这种文化垄断是虚幻的还是真实的，我们都会为自己的发现之幻灭而感到恐慌。猛然间，我们意识到完全可能存在"他人"，而且我们自己也只是众多"他人"中的一个"他人"而已。这时，所有的意义和目的都消失了，漫游各种文明就像穿越遗迹和废墟一样成为可能。整个人类成了一个想象的博物馆：这个周末我们将去哪里？去参观吴哥石窟的废墟，还是到哥本哈根的蒂沃利去闲逛？（保罗·利科：《历史与真理》）[1]我们都是彼此存在的"他人"，这是不可忽视的，只有互相影响他人，在共同追求道德的信仰的维系下，在共同理念的感召下，众多的他人形成群体，从而以"自然"的方式去追求道德，体验道德，感悟道德的正当性。

只有合作，对话才能逐步克服现代性道德的危机，从而享受属于我们的理智的生活。大学道德建设要使大学教师理智地生活，不能凭感性的冲动行事，要理智对待一切。大学师德建设要提升大学教师的理性能力。道德教育就像船长在引领着人生航船的方向，使人的生活驶向光明、美好的彼岸，感受善的生活的温暖，捕捉善的影像，这是我们一生永恒的追寻。道德的感悟不是感性所能驾驭的，它需要人的知性、理性能力的磨炼。大学道德教育承载着培育大学教师理性能力的重任。理性的生活要求人们摆脱意见的困扰，因此，教育要向人们传递真理的知识、道德的知识、自然的知识以及善的知识。只有具备了关于绝对真理、自然正当的知识，我们才能够使心绪安宁，坚定信仰，执着地追求、反思、体验！直至能够理解绝对真理、自然正当的意蕴且为自我践行的标准！才能实现个人自我心灵的提升，坚定追寻真理的信念。尼采主张人应该生活在山顶上，人宁可追求虚无，也不能无所追求。你们的珍宝所在之处，也就是你们的心灵之所在。[2]善是终极的目的，是彼岸的世界，是人的终极状态。师德教育是先进文化的传递者，代表着潮流，引领时代精神，使教师具有坚定的信念，执着地追寻绝对之真理，这是师德教育的根本使命。因而，信仰、理念、至善均是道德教育所要涉及的，是不可忽视的，这才是道德教育要考虑的根本，但现实却重视得不够，这也是在现代大学师德建设中要积极面对、思考、推进的终极追求。

---

[1] 吉登斯.现代性的后果[M].田禾,译.南京:译林出版社,2000:7.
[2] 尼采.论道德的谱系·善恶之彼岸[M].谢地坤,宋祖良,程志民,译.桂林:漓江出版社,2000:3.

四、引导大学教师追寻道德善的指向

（一）培育大学教师追寻至善的意识

雅斯贝尔斯认为，"统摄"不是从探究中得到的一种可言传的内容，而是我们意识的一种态度。在意识中积极追求，体悟善的意蕴，只有在意识上认同才能够积极去追问、探寻善的本质和善的影像。否则，无求善的动机，无求善的渴望，将无法真切地体验它的存在，只能人云亦云，无所见地。在我们的身体中存在着灵魂，它反抗着身体的诸种囿限；同时，灵魂的律令也让身体感到不适。现实的环境导致灵魂在冲突中面对威胁，世俗的人们受各种因素的引诱往往停滞于表层，满足与感受虚无，不去追问道德的本质。这是人性完善的停滞不前，是人自身堕落的开始，新的"洞穴""囚笼"即将形成，这是危险的边缘，如何给予他们新的前进的动力，这是大学师德建设所要思考的。可见大学师德建设的任务是艰巨的，是反复的，是持久的。作为大学师德建设者，要不断地返回现实中，像理想国中的哲学家一样不断地返回，不断地教化。这期间，也许会被误解，会被嘲讽，会被边缘化，但这不重要，重要的是能够在精神上给予大众不断地刺激，使他们能够认清自我的地位，树立对道德善的渴望并不懈地追求。大学师德建设就是要培育大学教师向善的意识，培育大学教师的智慧、勇敢、节制、正义的美德。大学师德建设可以悬设人生的航标，使每一个大学教师的心中都存有一个终极目标，在接受道德教育的过程中，在不断的生成中，在不断实现自我人生目标的过程中追寻道德善的意义、道德善的所在，使人内在的理智、激情、欲望达到和谐，使心性趋向道德的至善。

（二）塑造大学教师追寻至善的信念

善无法测量，无法现实化，它是一种信念、精神的体现。不能将善世俗化、实物化，它不像具体的东西清晰可见，可触摸，可把握。但它始终在关涉，在统摄着我们的生活，也许你我都在不自觉地在接受着它的普照。只是我们的理性能力有限，我们无法真切地体验到它的存在，这就需要教育来培育、涵养人的内在品质，不断地体会它的存在。这是一个漫长的旅程，也许没有终点，受时代背景、人文素质和教育水平的影响十分严重。因而，教育要使人明确对至善的追问无法给出一个确切的时间、空间，它交织在我们的生活中，通过不断追问生活的意义，应然的生活，应然的德性，我们才能对至善的理解达到新的层面。所以，它不是人有限的认知能力所能把握的，它需要我们一代代人精神的传递，这样才能对善的精神实质加深理解和领悟。追求至善不是一劳永逸的事情，我们强调不否定人适度的欲望，不抹杀人的现实生活，我们追求"至善"不是要离群索居，不是要人去过"苦行僧"的生活！"善"也关涉现实的生活，鼓励人追求自我幸福的生活，只是要反对过度的欲望，反对冲动，善是纯粹的，是不夹杂着个人的偏好的，是衡量我们生活的标准，是我们心中的道德律！总之，在追问道德善的过程中，要打破权威，回归自然。权威导致僵化，导致封闭。只有消解权威才能够激发灵感，活跃思想，认识真理，追寻至善。大学师德建设就是要培养大学教师敢于向权威挑战的勇气，要树立打破权威的榜样，给大学教师以本真迸发的机会，展示大学教师的真实样态，只有求变、求新、求异，思想才能活跃，理论才能进步，道德才能体悟。

（三）刻画大学教师追寻至善的行动

只有不断沉思，大学教师才能逐步接近并感悟至善。雅斯贝尔斯认为有两条哲学生活的途径：一是哲学各分支的单独沉思，二是与人交流，以及通过活动、言谈和保持沉默而得到互相了解。哲学的沉思要求自我反省，超越反省。哲学生活的上升既是个别人的上升也是众人的上升。他必须作为个人才能在交流中实现这种上升，并且不能将责任推诿给他人。[1]的确，现代人的生活是孤独的，他需要静思，不断地追问世间许许多多的终极问题，例如

---

[1] 卡尔·雅斯贝尔斯.智慧之路[M].柯锦华，范进，译.北京：中国国际广播出版社，1988：85-91.

死亡、正义、自由等。因而大学师德建设的任务是艰巨的，师德建设要培育大学教师独自沉思和对话的能力，使大学教师在吾日三省吾身中、在与人碰撞中提升自我的理性能力，逐步把握至善，用善的阳光来温暖人们的心田，使哲学精神化作人们的精神追求，以实现人类困难处境的转变。通过个人的提升实现社会整体的进步，这样才能克服现代性问题，实现自我与社会良善生活完美的构建。沉思中、对话中，必要的"强制"是可取的，因为人性是复杂的，是难以琢磨的，人永远在符号化、在完善化。通过不断地强制，培育人内心良好的道德秩序。人的幸福在哪里？卢梭这样问。在于他自己，在于他自己的在，且仅在于此；在其中，他自足于自我，仿佛神一样。人的幸福在于把握自然的善，使自我内心达至最好的政治秩序。追求至善的过程也是人性丰满的过程，通过对善的追寻，人的精神世界得到丰满，人变得巨大、强壮、无畏，这是人的精神的成长过程，是人的内在坚强的过程。大学师德建设引领大学教师前进的过程实质上就是塑造人的过程，这是何等的高贵，何等的崇高，不容一丝忽视和轻蔑。

第四章　新时代内蒙古地区大学师德建设的内容

大学的道德品性是大学的群体行为中呈现出来的比较稳定的、一贯的道德特点和倾向，是一定社会的道德原则和规范在大学群体思想与行为中的体现。它由大学群体的道德认识、道德情感、道德意志、道德信念和道德行为等因素构成。道德使命是大学内在道德品质的表征，这种道德品质的拥有与践行，能够使大学获得实践的内在利益。大学道德建设就是要引导大学抛弃利益纷争，摆脱外在诱惑，坚守自我的道德品格、学术品格、思想品格与文化品格。大学只有不断强化道德建设，才能真正肩负起神圣的道德使命，逐步提升自身的道德品性，回归本真的自我，成为道德的大学。

一、大学个体的道德品质

（一）大学学者的道德品质

1. 自强不息，厚德载物

学者要成为有志向、有理想、有抱负的人。孔子强调："志于道，据于德，依于仁，游于艺。"（《论语·述而》）学者要志于道，就是具有为实现远大目标，追求梦想的坚定意志。孔子说："三军可夺帅也，匹夫不可夺志也。"（《论语·子罕》）学者必须要有坚定的道德意志，不为外在利益所动，道德意志必须坚定不可丢失，这是学者的重要品质。孔子对"不降其志，不辱其身"（《论语·微子》）的逸民伯夷、叔齐十分赞许，欣赏其独立意志。

庄子说："贤人尚志。"（《庄子·刻意》）孟子认为："何谓尚志？曰：'仁义而已矣。'"（《孟子·尽心上》）"夫志，气之帅也；气，体之充也。夫志，至焉；气，次焉。故曰：'持其志，无暴其气。'"（《孟子·公孙丑上》）即强调人的意志在精神活动中处于至高无上的地位。明代大儒王阳明说："志不立，天下无可成之事。"（《王文成公全书》）明清之际哲学家王夫之说："志于道而以道正其志，则志有所持也。"（《读四书大全说》）中国儒家道德传统中，"志"是核心。学者要坚定自我的学术取向，恪守学术底线，执着追求永恒真理，始终不忘初心，砥砺前行。《周易·乾·象》："天行健，君子以自强不息。"自强不息是中华民族优秀的传统文化精神。学者应该效法大自然生生不息的刚健品格，在有限的生命中追寻无限的可能，点燃自我绚烂的生命之光。

2. 追求真理，淡泊名利

诸葛亮《诫子书》："非淡泊无以明志，非宁静无以致远。"学者只有不受功利主义影响，抛弃狭隘的利益观，才能树立远大的理想与抱负，才能为了理想而不懈地努力与奋斗，才能确立坚忍不拔的高贵品质。淡泊名利是大学学者应有的学术品格。《周易》："君子进德修业"，要"终日乾乾，与时偕行"。《周易·乾·文言》学者要想塑造高尚的道德品格，成为学术的守望者，就应该坚守学术的准则，执着追寻，只有这样，才能"刚健笃实，辉光日新，其德刚上而尚贤"（《周易·大畜·象》），最终实现自我的学术理想。因而，作为学术研究者应该珍惜时光，坚持不懈地追求，赋予学者身份应有的价值与意义，从而达至卓立乾坤的人生境界。"儒有可亲而不可劫也，可近而不可迫也，可杀而不可辱也。其居处不淫，其饮食不溽，其过失可微辨而不可面数也。其刚毅有如此者。"[1] 学者可以亲密而不可以威胁，可以亲近而不可以强迫，可以杀头而不可侮辱。学者应当不求住所的奢华、饮食的丰盛，能够放下身段，懂得舍弃，坐得住冷板凳，与此同时，能够直面问题，接受批评，主动反思，学者的刚强坚毅就是在点滴中不断形成与铸

---

[1] 贾德永. 礼记·孝经译注 [M]. 上海：上海三联书店，2013：243.

就的。

3. 潜心修身，兼济天下

学者修身而非外在的雕饰。学者要有民族情怀，要心系民族的未来，关怀国家的命运。"古之学者为己，今之学者为人。"❶古代求学的人是为了自己修养德行，而当今有些求学的人则是为了做样子给人看，这是不正常的。子曰："'君子道者三，我无能焉：仁者不忧，知者不惑，勇者不惧。'子贡曰：'夫子自道也'。"❷孔子说，君子应遵循的三个原则，我一个也没做到。这三个原则是，具有仁德的人不忧虑，明智的人不困惑，勇敢的人不畏惧。子贡说，这恰恰是老师的自我描述啊。的确，当代社会中有些学者存在浮躁、浮夸、耐不住寂寞等问题，不敢直面问题，不能很好地坚守学术之道，无法担当时代赋予的重任，这不是大学学者应有的风范。

学者要志存高远，胸怀天下。"夫志当存高远，慕先贤，绝情欲，弃疑滞。使庶几之志，揭然有所存，恻然有所感。忍屈伸，去细碎，广咨问，除嫌吝，虽有淹留，何损于美趣？何患于不济？"（《诫外甥书》）学者要确立远大理想，仰慕先辈圣贤，摒弃情欲感官刺激，抛弃阻碍自己进步的因素。学者要使前辈圣贤的志向，在自己身上得到存留，在自己的内心引起震撼。学者要做到能屈能伸，抛弃琐碎的小事儿，广泛向他人学习，破除心中的猜疑和狭隘。即使有所挫折而暂时停止进步，也不会损坏自己的美好志趣，又何必担心达不到目的呢？

学者要立志向学。学习是学者应当坚持的，是学者成长的重要路径。扬雄说："人而不学，虽无忧，如禽何？"（《法言·学行》）孔子曰："吾十有五而志于学。"（《论语·为政》）"好古，敏以求之者也。"（《论语·述而》）"发愤忘食，乐以忘忧，不知老之将至云尔。"（《论语·述而》）孔子终生勤奋好学，为现代教师树立了典范。朱熹认为："学者大要立志，才学，便要做圣人是也。"（《朱子语类》卷三六）要求做学问的人，

---

❶ 邹憬.论语译注［M］.上海：上海三联书店，2012：213.
❷ 邹憬.论语译注［M］.上海：上海三联书店，2012：215.

要树立做圣人的远大志向。学者要勤勉治学。"强勉学问，则闻见博而知益明。强勉行道，则德日起而大有功。"(《汉书·董仲舒传》)学者要努力、勤勉，通过努力学有所得，虽然努力并不一定会成功，但不努力则不可能成功。"学者，所以求为君子也。求而不得者有矣夫，未有不求而得之者也。"(《法言·学行》)为学之人，要确立目标，执着追寻，克服困难与障碍；要超越自身，用坚强的毅力战胜一切。"学以治之，思以精之，朋友以磨之，名誉以崇之，不倦以终之，可谓好学也已矣。"(《法言·学行》)因此，学者要通过学习来得到学问，通过思考来提取学问中的精华，通过朋友之间的互相切磋来加以提高，通过一些宣传途径把它推崇，再不怕疲倦地保持终身，以养育好学的品质。

学者要修身养性，勇往直前。"或曰：'以德报怨，何如？'子曰：'何以报德？以直报怨，以德报德。'"❶有人说，以恩德回报怨恨，如何？孔子说，以什么来回报恩德呢？应以正直来回报恩怨，以恩德来回报恩德。"修己以敬，修己以安人。"❷修身养性，要有恭敬之心。自己修身养性，以使他人安适。"子曰：'志士仁人，无求生以害仁，有杀身以成仁'"❸"君子谋道不谋食，君子忧道不忧贫。"❹君子谋求道，不谋求吃穿。君子担心的是道学不深，而不担心贫穷。"路漫漫其修远兮，吾将上下而求索""虽九死其犹未悔""虽体解吾犹未变"(《离骚》)，这些悲歌绝唱彰显了与命运抗争的高贵精神。文天祥说："《乾》称进德者三，而《象》曰：'天行健，君子以自强不息。'圣人复申之曰：终日乾乾，行事也。君子之所以进者，无他，法天行而已矣。进者，行之验；行者，进之事。进百里者，吉行三日；进千里者，吉行一月。地有远行，无有不至，不至焉者，不行也，非远罪也。"(《文天祥全集》)学者要实现理想的愿景，就必须执着前行，义无反顾，方能体现出崇高的爱国主义精神与坚贞的民族气节，成为不愧于时代的大学学者。

---

❶ 邹憬.论语译注[M].上海：上海三联书店，2012：217.
❷ 邹憬.论语译注[M].上海：上海三联书店，2012：222.
❸ 邹憬.论语译注[M].上海：上海三联书店，2012：228.
❹ 邹憬.论语译注[M].上海：上海三联书店，2012：237.

4. 理性沉思，思想自由

理性就是崇实、求实、贵真、贵确，就是审慎明辨，就是尊重事物的本来面目和规律。理性就是摒弃偏见。理性是人类精神生活的一种方式，是人类特有的思想品质，是人类的一种存在特性。理性对于学者建构意义的人生具有积极的意义。里克曼认为："理性具备有效地选择手段的能力；理性能够协调个人和社会的生活；理性把探求知识作为一个重要的社会目标；最后，理性是所有具有社会意义的主体的独立的道德源泉。"❶ 理性具有工具价值。理性的沉思能够给学者带来愉悦。学者要学会理性的沉思。"理性的沉思的活动好像既有较高的严肃的价值，又不以本身以外的任何目的为目标，并且具有它本身所特有的快乐，……这就是人的最完满的幸福。"❷ 的确，理性的沉思能够给人带来身心的愉悦，使人摆脱外在的束缚，获得精神的内在自由，引领人趋向幸福的人生。理性的沉思有助于学者的自我认知与自我完善。学者作为发展中的个体，难免会犯错误，但如何看待错误、认识错误、修正错误，这都需要基于理性的沉思。理性的沉思能够引导学者清晰地认识自我，使学者逐步趋向完善。外在的各种因素无法替代理性沉思，无法体现这种优质的自我教化意义。理性呵护着学者的成长，促进着学者的成熟。

理论理性是人的认识由感性到知性进而到理性的过程，以经验为前提，寻求知识的普遍性和绝对性。实践理性则从绝对的总体性出发，经过概念（善恶的概念）到道德情感再到道德行为，寻求"道德"的最终根据。善是内在的而非外在的结果，本身蕴含着善良意志，是人们行为的绝对律令，是一切善的根基。交往理性是哈贝马斯针对人的交往行为和社会进化问题提出的一个概念，它是指交往主体间认识、理解、认同、遵从和修正交往规则的思想形式或活动。交往理性在主体间的理解与相互认可的约束力中显现出来，同时，它制约着普遍生活方式的宇宙。交往理性存在于主体间，存在于主体间实践的互动和碰撞中。"我们每个人心灵里都有一种官能（'理性官能'），

---

❶ 里克曼. 理性的探险 [M]. 姚休，等译. 北京：商务印书馆，1996：150.
❷ 北京大学哲学系外国哲学史教研室. 古希腊罗马哲学 [M]. 北京：商务印书馆，1982：327.

当这种官能被其他日常事物遮蔽或毁坏以后，可以用学习（算学、几何学和天文学等）来澄清或重新点燃它。保护官能比保护眼睛更重要，因为只有官能才能洞见真理。"❶因此，学者要重视理性的训练，力求使自我达到完美的状态。学者要对客观事物进行精心观察和精深思考，对出现在眼前的新事物的含义进行精心观察和精神思考。学者为求道者，要理性地追求真理。"我的使命就是论证真理；我的生命和我的命运都微不足道；但我的生命的愿景影响却无限伟大。我是真理的献身者；我为它服务；我必须为它承做一切，敢说敢做，忍受痛苦。"❷梅贻琦校长认为："凡能真诚努力做学问者，他们做人亦必不取巧，不偷懒，不作伪，故其学问事业终有所成。"❸所以，学者必须保有理智的真诚，严谨问学，执着于追寻永恒真理。

韦伯认为："我们这个时代，因为它所独有的理性化和理智化，最主要的是因为世界已被除魅，它的命运便是，那些终极的、最高贵的价值，已从公共生活中销声匿迹，它们或者遁入神秘生活的超验领域，或者走进了个人之间直接的私人交往的友爱之中。"❹"人们的全部不幸只在于他们的无知；而他们之所以无知，只是因为他们周围的环境阻碍着教育的发展；人们之所以愚蠢，唯一是因为他们的理性还没有受到足够的教育。"❺因此，应重视对学者理性品质的涵养，培育学者的理性意识、理性能力、理性精神，引导学者确立合理的理性观。理性意识统领感性意识、非理性意识，依据自身的理性判断，作出科学的抉择。法国学者霍尔巴赫认为："当一个人的理性能力遭到破坏的时候，他就会因为盲目相信一切而陷入恐惧、无知和偏见。"❻为此，英国思想家边沁提出了"理性是构建社会幸福大厦的制度基础"❼。学者要拥有理性精神、践行理性精神。科学之最精神的处所，凡无真凭实据的，

---

❶ 瞿葆奎.教育学文集·智育[C].北京：人民教育出版社，1993：429.
❷ 费希特.论学者的使命人的使命[M].梁志学，沈真，译.北京：商务印书馆，2013：46.
❸ 梅贻琦.中国的大学[M].北京：北京理工大学出版社，2013：17.
❹ 韦伯.学术与政治[M].冯克利，译.北京：生活·读书·新知三联书店，1998：48.
❺ 霍尔巴赫.健全的思想[M].王荫庭，译.北京：商务印书馆，1966：19.
❻ 霍尔巴赫.健全的思想[M].王荫庭，译.北京：商务印书馆，1966：25.
❼ 边沁.道德与立法原理导论[M].时殷弘，译.北京：商务印书馆，2005：57.

都不相信。这种态度虽然有些消极,然而有很大的功劳,因为这种态度可以使我们不成为迷信与权威的奴隶。怀疑的态度是建设的、创造的,是寻找真理的唯一途径。学者要有质疑精神、批判精神,而不盲从他者的所为,主动地、创造性地探求新知,追寻学术的真谛。只有这样,才能展现学者应有的道德风范,塑造学者独特的道德品格,践行学者永恒的道德理想。

(二)大学教师的道德品质

1. 虔敬真诚,自觉自省

诚是大学教师最内在、最本源的德性品质。以诚润泽大学教师的心灵,养育大学教师的本性,照亮大学教师的生命。朱子说:"诚者,理之在我者,皆实而无伪,天道之本然也。思诚者,欲此理之在我者,皆实而无伪,人事之当然也。"(《孟子集注》)本然与当然都体现了诚,展现了人的本性。诚体现了道德的性格。诚真实而无妄。诚源于内心,是真实的存在。无妄是诚的价值意义,存在与价值相联,彰显价值,呈现意义。诚是稳固的、持久的、崇高的道德品格。诚不局限于个体,而涉及他者与万物。《中庸》言:"诚者,非自成己而已也,所以成物也。成己,仁也;成物,知也。性之德也,合外内之道也,故时措之宜也。"诚作为性之德,是备之在我而不假外求,人能尽性,率性即可上达天道,但同时作为人之道的诚,就是完成和扩充本体诚内涵的诸德。扩展诚的德性便是完成自我的德性,塑造自身的道德人格。如果每一个大学教师能够怀揣至诚,以诚修身养性,行为处世,那么,每一个大学教师都会获得发展。

诚要求大学教师内外一致,表里如一,光明磊落,刚正不阿。"诚则形,形则著,著则明。"(《中庸》)而《吕氏春秋》则言:"可与为始,可与为终,可与尊通,可与卑穷者,其唯信乎!"(《吕氏春秋·贵信》)诚为大学教师的高贵德性,诚是纯洁无瑕、至真至善的德性品质。诚不可或缺,构成了大学教师道德的基础。如果丢失了诚,那么,大学教师将无法立身,更无法立世。如荀子所讲:"天地为大矣,不诚则不能化万物;圣人为知矣,不诚则不能化万民;父子为亲矣,不诚则疏,君上为尊矣,不诚则卑。"(《荀子·不苟》）因而，大学教师必须秉持诚的道德取向，真诚、真实地存在，同时，以诚的态度，筑牢道德的根基，塑造健全的人格，探求生命的本质，创造自我人生的意义。

诚要求大学教师自觉省察自我。曾子曰："吾日三省吾身，为人谋而不忠乎？与朋友交而不信乎？"（《论语·学而》）孟子注重诚，诚是良好品德的核心要素。朱熹在《周易本义》中提到："忠信，主于心者，无一念之不诚也。修辞，见于事者，无一言之不实也。"诚是大学教师的品德的重要维度。"己欲立而立人，己欲达而达人"（《论语·雍也》）大学教师自己想做的事情、想实现的目标，也要替他人考虑，帮助他人获得发展的可能，实现自我的超越。诚要求大学教师能够推己及人，孟子认为："古之人所以大过人者，无他焉，善推其所为而已矣。""举斯心加诸彼而已。故推恩足以保四海，不推恩无以保妻子。"（《孟子·梁惠王上》）古代圣贤善于推己及人，修善保德，修炼心性。现代大学教师也要始终审视自身，不断趋利避害，锻造自我的至诚之心，全身心投入大学的教育教学工作中，始终抱有至诚的道德情怀。

诚要求大学教师注重术业专攻，要学习古代先贤"发愤忘食，乐以忘忧，不知老之将至云尔"（《论语·述而》）的精神。大学教师要在执着追寻中体会教育的快乐，感受探索知识的愉悦，逐步塑造为师的重要品质。大学教师要勤学善思。业精于勤荒于嬉，行成于思毁于随。朱熹："博学谓天地万物之理，修己治人之方，皆所当学。夫学，非读书之谓，然不读书则不知为学之方，故读书之贵专而不贵博。"（《朱子语类》）大学教师学习、读书不要急于求多求博，应当先专而博。清代章学诚也认为，学必求其心得，业必贵于专精。同时，古人还强调学习要积极实践，做到知行合一。荀子认为："不登高山，不知天之高也；不临深溪，不知地之厚也。"（《荀子·劝学》）龚自珍认为："读万卷书，行万里路；综一代典，成一家言。"[1]董仲舒也主张："善为师者，既美其道，有慎其行。"（《春秋繁露·玉杯第二》）因而，

---

[1] 徐珂.清稗类钞（第1册）[M].北京：中华书局，1986：20.

大学教师的一言、一行、一举、一动，都要修养到不愧为人之师的地步；要做学问之师、品行之师；要时刻铭记教书育人的使命，甘当人梯，甘当铺路石，以人格魅力引导学生的心灵发展，以学术造诣开启学生的智慧之门。

2. 勇于担当，尽职尽责

责任是人之为人的本质规定。道德行为只能出于责任。责任是大学教师优秀的道德品质。教师职业要求教师必须具有责任心。负责任是对大学教师的基本伦理要求。大学教师应具有责任感。教师的责任感是对教育职业的承诺与担当，是在建立起主观认同后形成的一种能自觉调整自身教育行为的较稳定的心理倾向。尽职尽责，完成自身承载的教育使命，这是大学教师的道德本分。

责任心是大学教师积极性的一个重要方面。道德高尚的大学教师，有高度的工作责任心和社会责任心。责任心是大学教师对自身价值认识的结果。如果一个大学教师没有认识到人生的价值，或者悲观堕落，他将既没有家庭责任心，工作责任心，更没有社会责任心。这样的大学教师没有为组织、为国家、为社会奉献的动力，因而，没有道德的自律性。义务感是被意识到的道德必然性。义务感强的大学教师同样有很强的内在动力。他意识到，他对他人、对组织、对国家、对社会有一种必然的义务和责任，履行这种义务是理所当然的事情，不需要任何强制。人活在世界上，应该对别人、对组织、对国家、对社会履行自己的义务。由此可见，良心、人格力、责任心、义务感等以及与此相关联的价值观才是人们行为的恒久的内在动力，因此，大学教师应当明确自身肩负的责任，实现自身角色的有机统一。

大学教师肩负培育人才的共同责任。教师责任既有自律性的自我责任，也有对社会、对学生负责的社会责任。真正的责任是一种完全自愿的行动；是自我对另一个人的直接或间接的需要作出的反应，负责意味着能够并乐于作出反应。大学道德建设要培养大学教师的主观责任。责任伦理高于信念伦理，责任伦理要求大学教师无条件地对自己的行为负责。"能够深深打动人心的，是一个成熟的人（无论年龄大小），他意识到了自己行为后果的责任，真正发自内心地感受着这一责任。然后他遵照责任伦理采取行动，在做到一定程度的时候，他说：'这就是我的立场，我只能如此。'这才是真正符合人性的、令人感动的表现。我们每一个人，只要精神尚未死亡，就必须明白，我们都有可能在某时某刻走到这样一个位置上。"❶因此，大学教师必须明确自身的职责，强化道德自律，高质量地完成所肩负的育人任务。

大学教师要承担主观责任。客观责任是外在的，主观责任是内在的。"客观责任源于法律、组织机构、社会对行政人员的角色期待，但主观责任却根植于我们自己对忠诚、良知、认同的信仰。"❷主观责任是大学教师内在的责任，由"自我产生而不是因为其他主管或制裁机构强迫我产生的责任意识，并且自己对自己、对自己的行为负责。"❸自我主观责任是个性性质的，受公共准则的约束。大学教师作为特殊的人群，扮演不同的身份，必须明确自我的主观责任，全身心地投入高等教育育人事业中，高效地完成自我的工作。

3.参与理解，秉持良心

大学教师要塑造参与理解的德性品质。费尔巴哈认为："只有把人对人的关系即一个人对另一个人的关系，我对你的关系加以考察时，才能谈得上道德；只有把对自己的义务认为是对他人的直接义务，只有承认我对于自己有义务认为是对他人的直接义务时，才能谈得上道德；只有把对自己的义务认为是对他人的直接义务，只有承认我对于自己有义务只因为我对他人（对我的家庭、对我的乡村、对我的民族、对我的祖国）有义务时，对自己的义务才具有道德的意义和价值。"❹"过一种完全私人的生活，首先意味着被剥夺了对一种真正人的生活来说本质重要的东西：被剥夺了从被他人看到和听到中产生的实在性；被剥夺了一种在一个共同事物世界的媒介下形成的使人们彼此联系又分离的'客观'关系；被剥夺了赢得某种比生命本身更长久

---

❶ 马克斯·韦伯.学术与政治[M].冯克利,译.北京:三联书店,1998:116.
❷ 特里·L.库珀.行政伦理学:实现行政责任的途径[M].张秀琴,译.北京:中国人民大学出版社,2001:62-79.
❸ 甘绍平.应用伦理学前沿问题研究[M].南昌:江西人民出版社,2002:123.
❹ 周辅成.西方伦理学名著选辑（下卷）[M].北京:商务印书馆,1987:474.

的事物的机会。"❶教育事业不是一个人的事业,而是集体的事业,需要大学教师的协作共谋,只有这样,才能形成集体智慧,才能促进教育事业的良性运转。大学教师要有共同的见解、共同的观念,互相帮助,彼此间没有猜忌,只有这样的集体,才能够成就大学美好的未来。

在理解中塑造大学教师的良心。"良心"(conscience)是一个古老的伦理概念。《孟子》中将恻隐、羞恶、恭敬、是非之心称为良心,主张人应当注意找回被流放的良心。朱熹则将良心视为宰制人心的"道心"。王阳明将良心看作澄澄朗朗的"本心"。英文中的"conscience"来源于拉丁文的"conscire",意即"知道"。在弗洛伊德的心理学中,良心就是"超我"制约"自我"的人格命令的一部分。❷良心是主体对于自身道德责任和义务的一种自觉意识和情感体验,并据此形成的对于道德自我、道德活动进行评价与调控的心理机制。大学教师要有职业良心。道德规范的内化性即良心是通过教育、修心养性,使之转化为人的感情、意志和信念的结果。一个内化性规范强的大学教师,有高度的道德自觉,良心促使他遵守社会规范和组织的规章制度,因此,这样的大学教师不需要别人强制他做他应该做的工作,他有自律的意识和行为。"确实没有人会相信:一个民族,倘若它完全缺乏我们称之为风俗和良心的东西,缺乏个人在其中通过审慎和畏惧控制自己行为的东西,能够支持哪怕一天以上。"❸因而,压抑自己良心的声音,是很危险的事情。如果大学教师养成一种对某件事情毫不在乎的习惯,那么他很快就会对任何事情都满不在乎。所以,良心对于大学教师非常重要。大学教师的职业良心是教师工作的保障,是大学教师职业道德的核心领域。

大学教师的良心就是教育良心。它指的是大学教师在教育实践中对社会向大学教师提出的道德义务的高度自觉意识和情感体认,自觉履行各种教育

---

❶ 阿伦特.人的境况[M].王寅丽,译.上海:上海人民出版社,2009:39.
❷ 檀传宝.教师伦理学专题——教育伦理范畴研究[M].北京:北京师范大学出版社,2010:116.
❸ 弗里德里希·包尔生.伦理学体系[M].何怀宏,廖申白,译.北京:中国社会科学出版社,1988:312.

职责的使命感、责任感，以及对自己的教育行为进行道德调控和评价的能力等。[1]这涉及大学教师职业和大学教师自身的价值维度。大学教师要恪尽职守，遵守工作纪律，全心投入，做好本职工作；要在教学过程中精益求精，实现最佳教育效果，提升教育教学质量。大学教师要促进学生成长。"不能把教师对儿童的爱仅仅理解为用慈祥的、关注的态度对待他们。这种态度当然是需要的。但是对学生的爱，首先应当表现在教师毫无保留地贡献出自己的精力、才能和知识，以便在对自己学生的教学和教育上，在他们的精神成长上，取得最好的成果。"[2]所以，大学教师必须关心学生的发展，但是，爱不代表放任，要因材施教，促进学生健康成长。

　　大学教师要涵养善良之美。善良之美是一种秀美，是散发出的人性之优美。它是人心灵中美丽的花朵，是一个人的真正价值和光荣体现。善良并非出自强制性的义务，而是爱之自然流露与表现，似春风暖人心，符合优美的最大特点——"柔"，对于优美之活泼的体验，则通过眼中光辉的愉悦，通过笑靥的神情和高声欢乐而表达。[3]康德讲过："有某些善良的内心品质是可爱的和美好的，并且就它们与德行是和谐一致的而论，也应该看作高贵的。"[4]善心与德行是一致的，体现出一种外在的美。席勒也认为："那种最有助于人作为道德人格实现自己规定的心境，应该也容许有对作为纯粹现象的他最有利的体现。换言之：他的道德修养应该通过秀美显现。"[5]大学教师的道德品质应该获得美的体现，使大学教师在展现美的品质的过程中感受自我存在的价值，体验自我存在的意义，获得自我的认同，呈现自我完满的德性。库申说："对人的尊重与对人的爱，同样是美，然而是不同的美，如果一个人的行为能表达正义和慈爱，这个人就完成了天下最美的事业，行

---

[1] 檀传宝.教师伦理学专题——教育伦理范畴研究[M].北京：北京师范大学出版社，2010：123.
[2] 赞可夫.和教师的谈话[M].杜殿坤，译.北京：教育科学出版社，1980：30.
[3] 康德.论优美感和崇高感[M].何兆武，译.北京：商务印书馆，2001：3.
[4] 康德.论优美感和崇高感[M].何兆武，译.北京：商务印书馆，2001：12.
[5] 弗里德利希·席勒.秀美与尊严[M].张玉能，译.北京：文化艺术出版社，1996：128.

善的人,用他特殊的方式,成了最大的艺术家。"❶慷慨和高尚的性格,总会使我们感到喜悦和愉快,而残忍和奸诈也因其本性而使人不悦,而且我们永远不能容忍我们或他人有这些品质。因此,大学教师要积极塑造自我良好的道德品格,养护自我的心灵,促成自我道德的生长,进而涵养自我高尚的道德情操。这一过程既是自我提高的过程,也是感染他人的过程,这样就能够形成良性循环,促进大学整体道德素养不断提升,进而逐步提高大学的道德水平。

(三)大学行政人员的道德品质

1. 公道无私,维护正义

大学行政人员要自觉加强自身的道德建设,以高尚的道德情操感染人、影响人,逐步提升大学行政工作的品质。儒家认为,为政的关键是要"正","政者,正也。子帅以正,孰敢不正。"(《论语·颜渊》)如果为政者自己身正,其所管辖下的各级管理人员以及民众就没有不正的。所谓"身正"就是为政者的道德人格,它具有重要的影响力。"其身正,不令而行;其身不正,虽令不从。"(《论语·子路》)为政者自己"身正",其人格影响力达及其下级和大众,他们就能够自觉地遵守道德规范,不需要命令他们去做什么才去做什么;相反,为政者自己身不正,你下命令强制他们做什么,他们也不会服从。孔子还说:"苟正其身矣,于从政乎何有?不能正其身,如正人何?"(《论语·子路》)因而,大学为政者自己身正,治理大学就没有什么困难,如果自己都身不正,又有什么资格去教育别人、端正别人呢?所以,只要大学为政者自己身正,就能像北极星那样有众星拱护在它的周围,得到大学教师的拥护。如孔子所言:"为政以德,譬如北辰,居其所而众星拱之。"(《论语·子路》)朱熹注释说:"为政以德,则无为而天下归之,其象如此。程子曰:'为政以德,然后无为'。范氏曰:'为政以德,则不动而化,不言而信,无为而成。所守者至简而能御烦,所处者至静而能制动,所务者至寡而能服众'。"

---

❶ 蒋孔阳.十九世纪西方美学名著选(英法美卷)[M].上海:复旦大学出版社,1990:368.

(《四书章句集注·论语集注·为政》)按照朱熹的解释,"为政以德"就是无为而治。孔子也说:"无为而治者,其舜也与。"(《论语·卫灵公》)这里说的"无为"是为政者的道德人格,它与道家讲的"无为"是有很大不同的。为政者用他们的道德人格力量来实施管理,发挥其人格的示范作用和榜样的功能。也就是常说的,"君子之德风,小人之德草,草上之风必偃。"(《论语·颜渊》)上述说明为政者高尚的道德品质和情操形成的人格影响力,就像风一样所向披靡,无不折服。所以,大学行政人员要自觉强化自身的道德修为,不断提高自身的道德品质,进而真正发挥自身的模范带头作用。

大学行政人员要以公道为准则,要正直,维护公平与正义。从政不奉奸,不偏不倚,不徇私情,"不党父兄,不偏富贵,不嬖颜色。"(《墨子·尚贤中》)大学行政人员要维护大学行政工作的严肃性、影响力以及高效能。"公则无不明,正则无不达。"否则,"私视使目盲,私听使耳聋,私虑使心狂。"(《吕氏春秋·序意》)如果不公正,那么行政就会失效,关系就会紧张,凝聚力、向心力就会弱化。《中庸》也主张:"莫见乎隐,莫显乎微。"其表明隐蔽的地方和微小之处,能够看到一个人的真实面目。因此,大学行政人员无论在何处,都应保有道德的真诚。孔子曰:"始吾于人也,听其言而信其行;今吾于人也,听其言而观其行。"(《论语·公冶长》)大学行政人员要通过践行道德的行为,维护自身良好的形象。正其义,不谋其利;明其道,不计其功。大学行政成员要修炼为人之道,不断塑造自我,完善待人接物的方式。政者,正也,日省吾身。"居官以正己为先。不独当戒利,亦当远名。"(《明史》)从政的人自己首先要做个正派的人,否则无法要求他人。大学行政人员不仅要戒除贪利之心,也要远离名气的诱惑。大学行政人员在工作过程中,要洁身自好,与人为善,要始终秉持公道,高效率完成工作,而不是以官者自居,缺乏公允之心。只有这样,才能与自身职责相一致,与自我身份相匹配。

仁德是大学行政人员应该具备的道德素养。大学行政人员要心怀仁爱之心,而不是颐指气使,只有这样才能体现大学行政工作的真谛。子曰:"民之于仁也，甚于水火。水火，吾见蹈而死者矣，未见蹈仁而死者也。"❶百姓对仁德的需求，比对水火的需求更迫切。水与火，我看见有踩在里面而死去的，却没有见过因实行仁德而死去的。"居上而骄则亡，为下而乱则刑，在丑而争则兵。"❷身居高位而骄傲自大者，就会招致灭亡；身居下位而为非作乱者，免不了招致刑罚；地位卑贱而与人争斗，则会引起相互残杀。"上好礼，则民莫敢不敬；上好义，则民莫敢不服；上好信，则民莫敢不用情。"❸当权者奉行礼，百姓无人敢不敬；当权者若实行义，百姓无人敢不驯服；当权者若讲信用，百姓无人敢不讲真话。因此，大学行政人员应该自觉加强道德建设，以较高的道德素养来为广大教师和学生服务，而非高高在上，只有这样，才能体现大学行政人员应有的素养。

　　大学行政人员要成为道德表率。儒家认为，管理者、治人者必须是"为人师表者"。领导者、管理者的思想和行为应该对民众、被管理者起表率的作用。孔子在回答曾子问何谓"七教"时说："上敬老，则下益孝；上尊齿，则下益悌；上乐施，则下益宽；上亲贤，则下择友；上好德，则下不隐；上恶贪，则下耻争；上廉让，则下耻节；此之谓七教。七教者，治民之本也。政教定，则本正也。凡上者，民之表也，表正则何物不正？是故人君先立仁于己……"（《孔子家语·王言解》）这里所说的"上"，是指为政者、治人者、管理者、领导者。为政者是民众的表率，起标杆的作用，上正则下正，上不正则下梁必歪。大学行政人员要使下级、被管理者"正"，必须从"正己"开始，起好表率的作用。孔子认为，如果为政者、管理者"好礼""好义""好信"，则天下的百姓都会归顺他。所以，上好礼，则民莫敢不敬；上好义，则民莫敢不服；上好信，则民莫敢不用情。夫如是，则四方之民襁负其子而至矣。借鉴古人的先进思想，当代大学行政人员也要做好道德表率，充分发挥自身的模范引领作用，以自身良好的道德修养影响周围的人，促进大学良好道德风尚的形成，推进大学治理的道德化。

---

❶ 邹憬. 论语译注［M］. 上海：上海三联书店，2012：238.
❷ 贾德永. 礼记·孝经译注［M］. 上海：上海三联书店，2013：287.
❸ 邹憬. 论语译注［M］. 上海：上海三联书店，2012：185.

2. 敬畏道德，节制欲望

大学行政人员的道德状况影响大学道德的治理。我国自古强调道德治理的重要性。《尚书》："德惟治，否德乱。"作为行政人员，要坚持为政以德，强化道德领导。无数历史事实表明，有德者兴，无德者亡，得道多助，失道寡助，道德不厚者不可以使民，威而不德，其民内溃。为政以德，关键在于为政者的道德素养。重视行政人员的道德建设在我国历史文化过程中有着深厚的文化底蕴。行政人员的道德很关键，应该发挥表率的作用，起到榜样示范的作用。行政人员要成为大学道德治理的表率，塑造自身良好的道德形象，践行合乎道德的行为。

大学行政人员要敬畏法律、敬畏制度、敬畏权力。大学行政人员要履行好自身的行政责任、角色责任而不是个人角色的责任扮演。"行政人员的价值是由公共行政的行政决定的，行政人员只有充分理解了公共行政的性质才能发现自己作为公共人员存在的价值，才能正确地确定自己的目标、设计自己的人生和在具体的行政行为中作出正确的选择。"❶作为行使行政权力的行政人员，必须确认自身的道德规范与准则，而且以规范的行为体现出来，把握工作的道德标准，恪守行为的道德底线。"道德是建立在对个体与群体的共同利益关系，对个体融于群体之中的长远利益的领悟之上的。"❷一方面，"人之所以能够成为道德存在，仅仅是因为他存在于既存的社会中。"❸道德的社会性在于道德是社会的产物，离开社会谈道德是没有意义的。另一方面，"任何外部立法，无法使得任何人去接受一种特定的意图，或者，能够决定他去追求某种宗旨，因为这种决定或追求取决于一种内在的条件或者他心灵自身的活动。"❹大学行政人员要协调好内部与外部、个人与群体的多重利益关系，实现道德的自我。大学行政人员作为理性的代表，具有价值

---

❶ 张康之.寻找公共行政的伦理视角［M］.北京：中国人民大学出版社，2002：209.

❷ 郑也夫.信任伦［M］.北京：中国广播电视出版社，2001：29.

❸ 爱弥儿·涂尔干.职业伦理与公民道德［M］.渠敬东，译.上海：上海人民出版社，2001：78.

❹ 康德.法的形而上学原理——权利的科学［M］.渠敬东，译.北京：商务印书馆，1991：34.

选择力、理解力与判断力，能够筛选道德规范，进行道德选择，践行道德行为，展现自身的道德品性。

大学行政人员要打造良好的道德风貌。大学行政人员要抛弃不合理的追求，控制过度的欲望。己欲立而立人，己欲达而达人，己所不欲勿施于人。品正人自正，正人先正己。大学行政人员要努力成为道德丰满的人。法国社会学家涂尔干认为："那些重要的历史人物，那些在我们看来比所有其他人都伟大的人，并不是艺术家，不是有深邃智慧的人，不是政治家，而是那些已经实现或被认为已经实现最伟大的道德成就的人。"❶如果我们选择了为教育事业服务，就要勇于担当，不能被重担压倒，因为这是为大家而献身，那时我们所感到的就不是可怜的、有限的、自私的乐趣，我们的幸福将属于大家，我们的事业将默默地但是永恒发挥作用地存在下去。因此，大学行政人员要以身作则，自觉加强自身的道德建设，要对自身有更高的道德要求。大学行政人员要有高度的责任感与崇高的使命感，确立为政为公的价值取向，严于律己，宽以待人，清正廉洁，秉公守信，只有这样，才能赢得大学教师的认可，获得大学教师的支持，才能汇聚力量，凝聚人心，共谋发展。

3. 内心端正，人格完善

大学行政人员要修身正己。孔子认为："政者，正也。子帅以正，孰敢不正？"（《论语·颜渊》）只要大学行政人员端正自身的行为，身先士卒，榜样垂范，就能引领其他人员端正行事。孔子曰："苟正其身矣，于从政乎何有？不能正其身，如正人何？"（《论语·子路》）中国传统政治道德强调官吏应该掌权为公，从政为民，坚持正义，处事公平，厉行节俭，清正廉洁，忠于职守，敬业勤政。大学行政人员要汲取其中的精华，领会其中蕴含的优秀德政思想。只要大学行政人员自己行为端正，那么，治理大学就显得容易多了。大学行政人员自身道德风范十分重要，要有强烈的使命感与责任感，着力推进大学道德建设，实现大学道德建设的目标。

大学行政人员要有所担当，塑造健全的人格。完善的人格是大学行政

---

❶ 爱弥儿·涂尔干.道德教育[M].陈光金，等译.上海：上海人民出版社，2001：92.

人员的自觉行为的一种内在动力。人格完善的大学行政人员有一种强烈的自我实现的追求，有一种实现自己人生价值的强烈愿望，其不断地拼搏奋斗，不遗余力地为实现自己的理想而努力工作，其不计较报酬，甚至忘我地工作，有一种驱使他去实现自己理想的持久动力。道德高尚的大学行政人员，能够将高度的工作责任心和社会责任相统一。大学行政人员的责任心来源于其对自身价值认识的结果。个人主义者，或者没有认识到人生价值的大学行政人员，或者悲观堕落的大学行政人员，是没有任何责任心的。他既没有家庭责任心、工作责任心，更没有社会责任心。这样的人没有为组织、为国家、为社会作奉献的动力，因而，没有道德的自律性。义务感是被意识到的道德必然性。义务感强的大学行政人员同样有很强的内在动力。他意识到，他对他人、对组织、对国家、对社会有一种必然的义务和责任，履行这种义务是理所当然的事情，不需要任何强制。大学行政人员作为独特的人群，活在世界上，应该对他人、对组织、对国家、对社会履行自己的义务。

大学行政人员要不断完善自我，通过行为、过程或事实完善自身，使之趋于完美。完善是在给定领域最好的可能性，是理性能达到的最佳状态。抛弃非理性的一切，追求理性的美德。这一过程要求个体达到能达到的最好状态。但不是空想，要做自己能做的事，而且做好其中的点滴。完善需要理性的节制。理性的节制是对自己欲望的控制，趋向个体的内部。节制约束肉体的欲望，防止个体的意志偏向邪恶的东西。大学行政人员的自我完善不只是应然的，也是实然的。其源于所有道德原则的绝对性。道德的事实是绝对的，道德的要求也是绝对的。道德不完善必将导致大学行政人员沉沦与消亡。"完善的要求是所有道德规范的事实和实践基础的自然结果。"❶ 因而，大学行政人员要不断加强自我净化，提升自身的道德能力，不断完善自身的道德。道德完善是大学行政人员实现自我价值，创造幸福人生，趋向美好生活的重要途径。因此，大学行政人员应当一生执着追寻内在的道德理想，铸就自我

---

❶ 塔拉·史密斯.有道德的利己[M].王旋,毛鑫,译.北京:华夏出版社,2014:231.

美好的人生。

二、大学个体的道德义务

（一）大学学者的道德义务

1. 维护学术自由

学术自由是学术共同体的基本自由。波兰尼在《自由的逻辑》中提到："学术自由在于选择自己研究的问题的权利，不受外界控制从事研究的权利以及按照自己的意见教授自己的课题的权利。"❶大学学术研究者享有自由讲授、学习、探究知识和进行学术研究的权利，因此，必须发挥自身的积极作用，维护应享受的学术自由权利，履行相应的道德义务。

学术的创造基于学术自由，学术自由是探索和认识真理的先决条件。第斯多惠指出："世界上凡探求真理都允许百家争鸣，允许有不同的观点、见解和解释。"❷学者应享有发表自身学术观点，开展学术讨论、学术论辩的自由。蔡元培先生认为："我素信学术上派别是相对的，不是绝对的，所以每一种学科的教员，即使主张不同，若是言之成理，持之有故，就让他们并存，令学生有自由选择之余地。他相信此'思想自由'之通则，而大学之所以为大也。"❸学者要坚守学术自由。学术自由是一种积极自由，是超越个人自然状态的更强大的自由。学术自由来自学者的信仰和善德习惯。学术自由是学者选择学术行为的自由。学者要通过公正的行为变得公正，通过节制的行为变得节制，通过勇敢的行为变得勇敢，不懈地追求属于自我的幸福、惬意、自由的学术生活。

学者要负责任地行使学术自由，学者要负责任地存在，在合理的范围内负责任地行使自己的学术自由的权利。学者合理的个人利益应当受到保护。学者

---

❶ 哈耶克. 自由宪章 [M]. 杨玉生, 等译. 北京：中国社会科学出版社, 1999：569-570.
❷ 第斯多惠. 德国教师培养指南 [M]. 袁一安, 译. 北京：人民教育出版社, 2001：33.
❸ 金耀基. 大学之理念 [M]. 北京：生活·读书·新知三联书店, 2008：12.

要促进学术的进步，承担学术的责任，注意自我的学术操守问题。学者要维护自我的学术良心，恪守自我的道德责任。学术自由着眼于追寻高深学问。学术自由涉及选择教师和学生，设置传授课程，确定教学内容，发表教师的科研成果。享有学术自由还要承担相应的学术职责。"当外在的准则远离他时，他懂得自己劝导自己；当没有人看护他时，他懂得自己看护自己；当不再有外在动力时，他懂得自己鞭策自己，从而给他从事未来的高尚职业增强和坚定了自己的力量。"[1] 学术自由不是放任，而是自我管理的参照；不是独自享有，而是共同分享的自由。学者间彼此尊重各自的自由权，共同维护大学的学术自由。

学术自由也要有限度，即内在限度和外在限度。内在限度指不违背伦理道德，不弄虚作假，不抄袭不剽窃，保证观点的可证实性，不随意发表观点，不掺杂个人私利等。外在限度指不违背社会价值导向，不违背社会发展规律，不侵害国家和人民利益，不放弃学术责任，关注人类命运共同体的利益。学术自由的限度，不是限制学术共同体的发展，而是为了使学者们更好地秉持学术自由的精神，推进学术研究的深化，促进人类的文明与进步，因而，其是积极的而非消极的行动。学术共同体应当切实维护自身合法的学术自由，在法律和道德的范围内充分享有这种自由，坚决抵制外在消极因素的干扰，为学术自由而执着坚守。这种坚守也是为人类社会的发展，人类文明的推进，人类福祉的实现的一种默默的努力，因此，在本质上是一种高贵的品质。

2. 坚持学术自治

本真的科学研究工作是一种贵族的事业，只有极少数人甘愿寂寞地选择它。"由于众多大学并存的现象，造成了毁灭真正学术的趋势，因为学术研究为了拥有读者，只好投其所好，而大众往往只顾及实际的目的、考试以及与此相关的东西。受其影响，研究工作也只限于那些有实际用途之物上，于是，学术就被限制在可了解、可学习的客体范围内，本来应是生存在永无止境的精神追求的大学，这时也变成了普通的学校。"[2] 这种状况势必会限制大学

---

[1] 梁志学. 费希特著作选集（第四卷）[M]. 北京：商务印书馆，2000：392.
[2] 雅斯贝尔斯. 什么是教育[M]. 邹进，译. 北京：生活·读书·新知三联书店，1991：140.

的学术自治，无法激发大学内在的活力，无益于学术的繁荣。为了积极保障大学自治，洪堡在柏林大学首创了讲座制度和教授会制度。讲座中，讲座教授全权负责讲座内各项学术事务，能独立地确立学科的发展方向，聘用学术与非学术人员，选择教学内容和研究课题，支配经费使用等。讲座之上是学部，由全体讲座教授组成教授会，负责学部总的课程安排、考试和学位授予事宜，尤其是新任讲座教授的聘任工作。这种做法值得现代大学借鉴，以充分保障大学享有的学术自治的权利，真正使学术生活成为大学的本真生活，以呈现大学独有的精神风貌。

学者要保持自治，不应该自以为是地认为天地间只有自己最重要，甚至为了一己私利而不惜损害别人，即使个人的利益比别人可能遭到的伤害要大得多。"人生而静，天之性也。感于物而动，性之欲也。物至知知，然后好恶形焉。好恶无节于内，知诱于外，不能反躬，天理灭矣。"❶ 人生之初是好静的，这是天赋的本性，受到外界事物影响而心有所动，这是人的本性产生的欲求。人不断地感知外界事物，然后内心就表现出好恶。如果好恶在内心无法得到制约，而且不能正确对待外界事物的诱惑，那么人的天性就泯灭了。大学学者通过大学道德建设，应回归这种本真的自然状态，不受外界事物的影响，控制好自我的欲求。在道德建设过程中，明晰自我的取向，确立合理的好恶观，控制好自我的合理取向，摆脱诱惑，这样才能平和心理，保有纯洁的天性，成为原初的自我。

学者要耐得住寂寞，控制住内在的自我；要潜心问学、细细揣摩。英国教育家纽曼说："一个人要专心致志而又准确无误地观察一个难题，同时还要明明白白地把它说清楚，其中所感受的焦虑、所花费的心力是别的一切都无法相比的。"❷ 换言之，这个过程需要持久的坚持，默默的坚守，耐得住寂寞，经得住考验。如美国著名发明家爱默生所言："学者必须把孤独当作新娘那样来拥抱。他必须独自感受喜悦和忧郁……为什么学者必须保持孤独和沉静

---

❶ 贾德永.礼记·孝经译注[M].上海：上海三联书店，2013：164.
❷ 纽曼.大学的理念[M].徐辉，顾建新，何曙光，译.贵阳：贵州教育出版社，2003：184.

呢？是因为他必须熟悉他的思想。"❶学者要葆有学术的热情、渴望与激情。学者在孤独中享受那份特别的惬意与释然，没有热情，没有情感，没有信仰的大学学者，必然对生活缺乏感情，缺乏激情，缺乏公共情感，而且个人感情淡薄，随着时间的流逝，必将丢失自我的一切，而其根本在于缺乏精神的教养。大学学者要成为有精神教养的人，秉持一颗赤诚的心，诚挚维护公共福祉。"在一个有太多事情值得关注的世界、一个有太多东西值得享受的世界、一个有太多不善之处值得纠正并加以完善的世界，每一个具有适量道德感和智力要求的人都能够具有一种可以叫作令人羡慕的状态。"❷其中关键在于转换思维模式，充分激发潜能，展现顽强的意志和坚持持续的学习，从而改变自我、重塑自我以及超越自我。不管多么微小的力量，只要每个大学学者尽自己的最大努力并勇于承担责任，其就会获得自我的升华，获得高贵的享受，这种享受是任何的自私堕落所无法获取的，因此，大学学者必须保持高贵的思想品格，执着坚守学术的道德领地。

3. 坚守学术自律

学者要维护学术道德标准，坚守学术律令。"学术伦理标准从治学的对象即高深的学问中取得其特性，由于高深的学问处于社会公众的视野之外，公众很难评判学者是否诚恳地对待公众的利益，因此高校教师的职业道德应具有更高的自律性。"❸因而，学者应结合自身的学科专业，通过自律强化自身的学术道德建设。学者既不应该成为自己的奴隶，自己低级本质的奴隶，也不应该成为周围世界的奴隶。禁欲生活意味着自我的解放。❹学者自我设定的任何目标都不能好高骛远，要控制自我的欲望，要追寻生命的价值与意义。"生命要成为善和价值，它应该有意义。但是意义不能从生命过程自身获得，不能从这

---

❶ 帕利坎. 大学理念重审[M]. 杨德友，译. 北京：北京大学出版社，2008：75.
❷ 约翰·斯图亚特·穆勒. 功利主义[M]. 刘富胜，译. 北京：光明日报出版社，2007：23-24.
❸ 布鲁贝克. 高等教育哲学[M]. 王承绪，等译. 杭州：浙江教育出版社，1987：120.
❹ 别尔嘉耶夫. 美是自由的呼吸[M]. 方珊，何强，王利刚，选编. 济南：山东友谊出版社，2005：26.

个过程的质的最大限度中获得，意义应该超越生命。"[1] 学者要从精神的价值层面衡量生命的意义，而不是否定生命的价值，要实现对生命意义的超越。

　　学者要能始终坚守学术之道，承担学术的重任，担当学术的一切。子曰："贤哉，回也！一箪食，一瓢饮，在陋巷。人不堪其忧，回也不改其乐。贤哉，回也！"[2] 孔子说，颜回，多么贤良啊！一箪饭，一瓢水，住在狭窄的巷子里。一般人难以忍受他那种令人忧虑的处境，但颜回却不改他的乐观。贤良啊，颜回！古人这种执着的精神，值得现代学者学习，通过不断地历练，真正能静下心来，潜心问学，享受学术那份内在的快乐。"道德是建立在对个体与群体的共同利益关系，对个体融于群体之中的长远利益的领悟之上的。"[3] 一方面，"人之所以能够成为道德存在，仅仅是因为他存在于既存的社会中。"[4] 道德的社会性在于道德是社会的产物，离开社会谈道德是没有意义的。另一方面，"任何外部立法，无法使得任何人去接受一种特定的意图，或者，能够决定他去追求某种宗旨，因为这种决定或追求取决于一种内在的条件或者他心灵自身的活动。"[5] 大学学者作为理性的代表，具有价值选择力、理解力与判断力，能够筛选道德规范，作出道德选择，践行道德行为，展现自身的道德品性。作为大学学者，应该有这样的境界，有这种修为，只有耐住寂寞，克服浮躁，禁住诱惑，能够纠偏、扶正、转向正确的路向，成为贤达之士，方能真正为人师，为万世开太平，为往圣继绝学，这才是大学学者应该有的作为，应当有的价值选择与坚守。

4. 兼收并蓄，博采众长

　　中国古代书院往往采取开放式办学的方式，书院的开放式办学有双重含

---

[1] 别尔嘉耶夫. 美是自由的呼吸 [M]. 方珊, 何强, 王利刚, 选编. 济南: 山东友谊出版社, 2005: 124.

[2] 邹憬. 论语译注 [M]. 上海: 上海三联书店, 2012: 78.

[3] 郑也夫. 信任伦 [M]. 北京: 中国广播电视出版社, 2001: 29.

[4] 爱弥儿·涂尔干. 职业伦理与公民道德 [M]. 渠敬东, 译. 上海: 上海人民出版社, 2001: 78.

[5] 康德. 法的形而上学原理——权利的科学 [M]. 渠敬东, 译. 北京: 商务印书馆, 1991: 34.

义：一是就讲学的教师而言，指不同学术观点和不同学派的学者，可以在同一书院讲学；二是就听讲的学生而言，他们来去自由，不受限制。这样，书院在学术研究、文化教育方面体现出"兼容并蓄"的特色。❶这种做法值得当下的大学借鉴，要广开言路，广纳良才。学者要以包容的心理，兼收并蓄，博采众长，反对拉帮结派，排斥其他学者。每个学术共同体的学术旨趣不同，学术立场不同，学术观点不同，一个真正的学者应该对各个学者、各种观点、各种学术思想采取兼收并蓄的态度，以宽广的胸怀面对学术的挑战。只有这样，才能汲取他人之长，补己之短，真正做学问，做真学问。

学者应当承担对本学科的道德责任。学者能否献身于本学科领域关涉学术的重要方面。这种献身精神还要求理智上的彻底性和精细的正确性。大学学者要敢于面对现实，以现实为出发点，着眼于未来；要避免主观判断，克服主观印象。大学学者不应该受自己的感情和利益驱使，要坚定自己的选择，维护自我的判断力、抉择力以及理智力。"一切有限的理性生物的最终使命，就是绝对自相统一，始终自相同一，完全自相一致。"❷"唯有那发自内心对学问的献身，才能把学者提升到他所献身的志业的高贵与尊严。"❸科学体验没有这种被所有局外人嘲讽的独特的迷狂，没有这份热情，坚信你生之前悠悠千载已逝，未来还会有千年沉寂的期待——这全看你能否判断成功，没有这些东西，这个人便不会有科学的志向，他也不该再做下去。因为无论任何事情，如果无法令人充满热情地做，那么对于个体而言，都是没有意义的事情。所以，大学学者要充满热情，要抱有情怀，要执着追寻，只有这样，才能不忘初心，方得始终。

大学学者如果缺乏独立的思维，无法确立自我独特的见解，就会身不由己地成为学术"机械生产"中一根窄窄的传送带或一颗小小的螺丝钉。在这种生存状态下，学者的思维必将被钳制，无法获得旺盛的生命力，自我的灵魂必将慢慢走向死亡，直至消逝在孤寂的生活中，这对于学者而言是悲哀的、

---

❶ 朱汉民.书院精神与儒家教育[M].上海：华东师范大学出版社，2013：296.
❷ 费希特.论学者的使命人的使命[M].梁志学，沈真，译.北京：商务印书馆，1984：9.
❸ 马克斯·韦伯.学术与政治[M].钱永祥，等译.桂林：广西师范大学出版社，2010：168.

无奈的。真正的学者虽然无法完全超脱于现实，但是，他的思想、他的精神要超越于现实，他要保持自我独特的思维方式，维护自我独立的生存状态。思维独立的学者才是真正独立的人，这是作为学者应当追寻的至高境界。在独立的追寻中，学者才能逐渐获得属于自我的尊严，展现自我存在的价值。只有思维独立，学者才会实现思想的超越，获得有价值的启示。反省是人类最高的灵性，是最高的智慧。拥有独立思维方式的学者是懂得自我反省的人。学者在自我独立的思维空间中，反省众人忽视的问题，学者以独特的视野建构自我独特的生活世界。在独立的思维方式中，学者享受自我存在的意义，获得自我独特的乐趣。

（二）大学教师的道德义务

儒家认为人是天地的心灵，是五行之首，是万物之灵。如《礼记·礼运》所言："故人者，天地之心也，五行之端也，食味、别声、被色而生者也。"[1] 人是天地万物的中心，是五行的终点，是因能分辨味道、声音和颜色而存在。借鉴古人的思想，我们在强化大学教师道德养成的过程中，也要强调人是目的，充分彰显人性，自始至终围绕人展开。如果忽视了人的存在，片面依靠生硬的制度，那么，大学教师道德养成必将丧失活力。

大学教师作为大学教育的主体，承载着神圣的使命。大学教师的道德状况关系大学的道德水平，影响大学的道德文明。基于此，在大学教师道德养成过程中，要引领广大大学教师通过"涵养品性，积善成德；反求诸己，生成道德；实践磨砺，成就道德"，不断自觉强化自身的道德养成，将大学教师的道德养成逐步引向深入，不断丰富大学教师的道德素养，提升大学教师的道德境界，使大学教师成为先进思想文化的传播者，更好地担起学生健康成长的指导者和引路人的责任。因此，大学教师道德养成必须注重调动大学教师的道德自觉性，挖掘大学教师的道德潜能，以满足大学教师的道德需要，丰富大学教师的道德素养。

---

[1] 贾德永. 礼记·孝经译注［M］. 上海：上海三联书店，2013：134.

1. 涵养品性，积善成德

大学教师要依靠道德学习，凭借道德发问辨析道德疑难问题，逐步积淀道德知识，丰富道德情感，磨炼道德意志，塑造道德行为。大学教师要以自觉加强自身的道德涵养为取向，从点滴做起，从身边做起，从小事做起，逐步丰富内在的德性，培育健全的道德人格，成就远大的道德理想。

积善不止，积淀道德。大学教师要明确自身的角色定位，坚守道德底线，拒绝外在侵扰，不断提高自身的道德水平。子曰："贤哉，回也！一箪食，一瓢饮，在陋巷。人不堪其忧，回也不改其乐。贤哉，回也！"（《论语·雍也》）现代大学教师要学习古人这种执着追求自我道德理想的精神，只有耐得住寂寞，经得住考验，才能在不断的历练中获得自我德性的升华。面对当前社会上的多重诱惑，大学教师要避免角色不明、价值模糊、道德失范的问题，克服浮躁情绪，明确道德要求，消除道德迷茫，走出道德误区。大学教师要善于学习他人之长，补己之短。子曰："三人行，必有我师焉。择其善者而从之，其不善者而改之。"（《论语·述而》）"见贤思齐焉，见不贤而内自省也。"（《论语·里仁》）大学教师要以具有高贵品格的师德模范为学习的榜样，虚心求教，潜心修炼，不断审视自身的行为是否符合道德规范，力求取长补短、见贤思齐，从而确立合理的道德取向，不断提高自身的道德修养。

良好的品性，高尚的道德，只有通过循序渐进、勤勉不息的积淀，才能获得并内化。积善为善则达善，反之则达不善。善不积，不足以成名。恶不积，不足以灭身。道德的善恶是逐步积累的过程。世间万物都是由细微到显著的变化过程。大学教师道德养成也要从细微之处着眼，在平凡的点滴中累积自我的德性品质，不以善小而不为，不以恶小而为之。道德品质的形成是一个逐步积淀的过程，大学教师只有内心坚定，将道德养成贯穿于平时的教育教学工作中，着眼于促进学生发展，注重提升专业素养，不断提高教学质量，才能真正做到"求真育人，崇教爱生"。大学教师要摆脱物欲的牵绊，抛弃功利主义，自觉按照道德标准塑造自我的德性品质，只有这样，才可能成就道德的自我。

至诚尽性，健全道德。诚是一种高贵的道德品格。《中庸》认为："唯天下至诚为能尽其性。"只有至诚恳切的人，才能展现其内在的天性。由至诚而有明德，是圣人的自然天性；由明德而到至诚，是贤人经过后天学习才能达到的。由诚而明，是天道理境；由明而诚，是人道实践。大学教师只有用心求善，潜心明德，化善成俗，才可能达到至诚的境界。至诚要求大学教师对待教育教学工作要虔诚，要认真备课、认真授课、认真辅导，不能应付了事，更不能将很多工作放到课外甚至推脱给家长。大学教师要怀揣理智的真诚、情感的真诚、行为的真诚，全身心投入育人的事业中。大学教师要以科学的态度对待教学工作，要以饱满的热情对待学生，要以务实的精神对待教育。至诚是大学教师应当追寻的道德境界，是大学教师道德养成的基本维度。只有每一个大学教师都怀揣至诚，全身心地投入育人事业中，而不是追逐外在利益，方能趋向至诚的人生。

大学教师道德养成在一定意义上是大学教师人格成长、灵魂洗礼、人性升华的过程。孟子主张："饱食、暖衣、逸居而无教，则近于禽兽。"（《孟子·滕文公上》）如果人只限于吃饱、穿暖、安居而没有教育，便和禽兽相近了。精神生活比物质享受更重要。我们不否定大学教师合理的利益诉求，但大学教师更要强化修仁行义，提高道德修养和人格境界。"无以小害大，无以贱害贵。"（《孟子·告子上》）在道德养成过程中，大学教师要不拘于小节，着眼于未来，不能因小失大。大学教师只要内心澄明，就不会被感官迷惑，不会被欲望牵绊，就能感知道德的要义。大学教师只有确立崇高的人生目标，远大的道德理想，才能获得自我人格的升华。大学教师要有理性的自觉，要有清晰的辨别能力，要善于选择，不为眼前利益所惑，使道德的渴望完全源于内心，听从内在的召唤，进而实现精神的澄明、身心的愉悦与人性的丰满。对于大学教师而言，道德的充实才是真正的快乐，只有道德充实，才能脱离利益的牵绊，实现内心的纯净；才能自我约束，实现内在的自律；才能塑造健全的人格，获得精神的愉悦，实现自我的解放，这样的大学教师才是道德的、自由的与幸福的存在者。

修身养性，升华道德。大学教师要善于保持内心的宁静，享受修身的快乐，在反求诸己中，实现自身道德的成长。《大学》指出："古之欲明明德于天下者,先治其国;欲治其国者,先齐其家;欲齐其家者,先修其身。"❶大学教师要以实现和提高自身的道德素养为根本,根本动摇了,再想完善其末梢和枝节是不可能的。因此,大学教师必须重视根本,注重内在德性的养成,筑牢自身的道德根基。在此基础上,大学教师内在的心性修养才能推广于社会,以实现自我道德的延伸。大学教师道德品格的塑造,道德情怀的表达,道德生命的完善,要涉及群体关怀,关注社会的更新与重构,将自我的道德完善融入社会的演进中,促进社会的变革与发展,这是大学教师应该坚守的道德修为、秉持的道德情怀与捍卫的道德理想。

大学教师的生命只有体现出道德的价值,才会获得意义。但是意义不能从生命过程自身获得,意义应该超越生命,要从道德的价值层面衡量生命的意义,但不是否定生命的价值,而是对生命意义的超越。子曰:"好学近乎知,力行近乎仁,知耻近乎勇。"❷"智"是理想人格应达到的知识与智慧境界;"仁"是理想人格应达到的最高的道德准则;"勇"则是理想人格应具备的坚定不移、勇往直前、无所畏惧的行为品格。大学教师只有好学,才能接近智慧;只有身体力行,才能接近仁德;只有知道羞耻,才能接近勇敢。天下兴亡,匹夫有责。大学教师对社会的进步与发展要承担相应的责任。大学教师作为社会知识分子、社会文化的传播者以及社会的心智良知,更应该具备这样的道德素养。大学教师要心系国家发展,助力民族振兴,关注公共福祉。大学教师要将高尚的人格理想与远大的社会理想相统一,要将个人的发展与民族的命运紧密相连,只有这样,才能彰显大学教师的人格魅力与精神气度。

2.反求诸己,生成道德

道德反思是道德的自我认知、自我批判、自我提升。道德反思能够帮助大学教师解剖自我,趋利避害,寻求自我道德发展的正确路向。曾子曰:"吾日三省吾身:为人谋而不忠乎?与朋友交而不信乎?传不习乎?"❸古人能

---

❶ 樊东.大学·中庸译注[M].上海:上海三联书店,2013:4.
❷ 樊东.大学·中庸译注[M].上海:上海三联书店,2013:89.
❸ 邹憬.论语译注[M].上海:上海三联书店,2012:3.

够坚持每天多次自我反省，发现自身在谋事、交友、学习等方面存在的不足与缺陷，以积极弥补，逐渐趋向完善。以史为鉴，现代的大学教师，更应汲取古代先贤的道德智慧，结合自身道德实际，积极反思、深度诘问、全面审视，切实将道德作为自身发展的基础，不断塑造自我的高贵品格，提升自我的精神气质。

尽心知性，省察道德。大学教师道德养成必须重视大学教师内在心性的修炼。只有尽其心，才能知其性。"所谓修身在正其心者，身有所忿懥，则不得其正；有所恐惧，则不得其正；有所好乐，则不得其正；有所忧患，则不得其正。"❶ 大学教师在修身过程中，要端正内心，以防受愤怒、恐惧、嗜好、忧患等的影响，内心会受到多重侵扰，出现心绪错乱。如果大学教师的内心出现偏颇，无法正视一切，那么，道德的是非就难以辨别，道德的原则就难以坚持，道德的公正就难以实现。换言之，端正内心是大学教师"修身"的前提。

大学教师要善于认识自我、反观自我以及理解自我。能否善于理解自我是大学教师自身道德养成的关键。理解自我也就是大学教师要发挥心智心觉的作用，自我省思的过程。孟子曰："耳目之官不思，而蔽于物。物交物，则引之而已矣。心之官则思，思则得之，不思则不得也。"（《孟子·告子上》）耳朵、眼睛之类的器官不会思考，容易被外物遮蔽。心之类的器官则不同，其善于思考。因此，大学教师要摆脱视听的束缚，主动进行道德思考，只有不断地反思、自省、体察，方能获得仁、义、礼、智、信等高贵的道德品质，反之，则会徒劳无功、无有所获。现代大学教师的确面对巨大的压力，每天忙于各种事务，而留给自己反思的时间却很少，对于自身心灵状态缺乏应有的关注。为了改善这种状态，大学教师要养成每天反思的习惯，可以建立心灵档案，记录自身心灵的变化历程，关注自身的道德趋向，以保证自我始终在道德的轨道上前行，同时，学校也要定期组织道德分享活动，针对当前存在的师德问题予以探讨，针对道德模范的先进事迹予以学习，引导广大

---

❶ 樊东.大学·中庸译注[M].上海：上海三联书店，2013：89.

大学教师认识自我、解剖自我、修正自我，以不断提升大学教师的道德素养。大学教师只有不断省思，清晰而准确地洞察自我的道德状况，才能找出差距、清晰定位、放下身段，有针对性地加强自身的道德养成，从而将道德养成融入个人的道德生活中，不断提高自我的道德品位，塑造道德高尚的自我，最终实现千教万教教人求真、千学万学学做真人的道德目标。

厘清身份，更新道德。大学教师要明确自身的角色扮演，认清自我的独特身份，各归其位、各尽其责，履行各自恰切的道德义务。古人强调："为人君，止于仁；为人臣，止于敬；为人子，止于孝；为人父，止于慈；与国人交，止于信。"❶做人君的要止于仁爱，做人臣的要止于恭敬，做人子的要止于孝道，做人父的要止于慈祥，与国人交往要止于诚信。只有明确各自的身份，才能塑造契合自身的道德品质。因此，大学教师只有认识到作为传道授业者的特殊身份，明晰"德高为师，身正为范"的身份定位，呈现大学教师该有的修为，才能培育契合自身身份的道德品质，不断提高自身的道德修养。

大学教师道德养成在于引导大学教师不断地认识自我、更新自我与重塑自我，使大学教师成为符合大学教师道德要求的真正意义上的人。汤之《盘铭》曰："苟日新，日日新，又日新。"❷大学教师一定要有自我更新的意识，不断重塑自身的道德形象。大学教师的道德风貌应力求一日自新，日日自新，每日自新。当前存在大学教师身份不明、责任不清的问题，面对工作无精打采，消极应付，无所追求，这是对待教育事业极不负责的行为。大学教师要积极克服将教育教学工作作为负担的消极情绪，通过树立终身学习理念，确立专业化发展目标，消除职业倦怠，不断激发自身的教育热情，在道德养成中实现自我的不断更新。自新的最终目的就是要引导大学教师自觉加强自我修养，使道德养成成为大学教师的自觉行为，而不是外在的强制；是源于内心的真实感受，而非虚假的掩饰；是自我幸福人生的建构，而非短暂的功利行为，最终引领大学教师逐步回归愉悦的道德生活，打造幸福的精神家园，

---

❶ 樊东.大学·中庸译注[M].上海：上海三联书店，2013：12.
❷ 樊东.大学·中庸译注[M].上海：上海三联书店，2013：10.

构筑蕴含道德意义的人生。

  慎独自律，润泽道德。道德养成要注重培育大学教师的自律意识，从细微之处着眼，强调内在化育，防患未然，引导大学教师朝着中和的道德状态发展。"莫见乎隐，莫显乎微，故君子慎其独也。喜怒哀乐之未发，谓之中；发而皆中节，谓之和。中也者，天下之大本也；和也者，天下之达道也。致中和，天地位焉，万物育焉。"❶ 最隐暗的地方，也是最容易被发现的处所；最微细的事物，也是最容易显露的，因此，君子在一个人独处的时候，更要特别谨慎。喜怒哀乐的情感还没有发生的时候，心是平静无所偏倚的，称之为"中"；如果情感的表露都能合乎节度，没有过与不及则称之为"和"。"中"是天下万事万物的根本，"和"是天下共行的大道。如果能够把中和的道理推而及之，达到圆满的境界，那么天地万物都能各安其所，各遂其生。我们应该汲取古人优秀的思想，在师德养成过程中，重视自我的内在修炼，而不只是迫于外在的强制。当前的师德建设过于强调制度的规约、舆论的影响，却忽视了内在的自律。因此，师德养成要培育大学教师敬畏道德的心理，敬畏道德源于对自身事业的认识，对教育与国家发展、与民族未来、与学生人生深层次联系的思考，基于这样的认识，敬畏道德感会自然产生。大学教师不管是在私人领域还是在公共场域，都要注重道德的自律，注意细微的道德行为，不要超越道德的度，要谨言慎行，这样才能各安其位，使道德之气生生不息，浸染于每一个大学教师的心灵。

  大学教师要通过道德的自律，坚守自我的生活，享受精神的愉悦。正所谓："富润屋，德润身，心广体胖，故君子必诚其意。"❷ 财富可以修饰房屋，使房屋华丽；道德可以修养人的身心，使人思想高尚。心胸宽广开朗，身体自然安适舒坦，所以，有道德修养的人一定要使自己的意念诚实。内心的真诚会体现在外在的行为中，外在的一切时刻都与个体的行为发生互动，因此，大学教师独处时也要保有意念的真诚，享受道德的润泽。大学教师要自律，要拒绝学术腐败，不能抄袭、剽窃，不能占有他人的研究成果；要拒绝外在

---

❶ 樊东. 大学·中庸译注 [M]. 上海：上海三联书店，2013：42.
❷ 樊东. 大学·中庸译注 [M]. 上海：上海三联书店，2013：21.

的利益诱惑，不能课后补课、收受礼品、索要钱财；要保护学生的权益，不能体罚学生，侮辱学生的人格尊严，更不能侵害学生；要传播正能量，确立正确的价值导向，不能将个人的好恶、家庭的矛盾、消极的思想带入课堂。大学教师的德性品质，最终要靠外在的行为来检验，只有实现内外的统一，才能体现真正的道德。良好的道德素养能够润泽大学教师的心田，使大学教师的精神世界更加富足，生命的存在更具有道德的意义。

3. 实践磨砺，成就道德

大学教师道德养成的关键在于实践。实践是检验道德的标准。只有通过实践，才能体现大学教师道德养成的实效，促进大学教师道德养成的深化。高贵的道德品质，至高的道德境界，为人所需要、所向往、所追求，是人内在情感的流露。大学教师要在道德实践中，掌控自我的自由意志，发挥理智与情感的控制作用，实现善与诚的内在统一，不苛求、不奢望、不过度，使道德的力量在自身的血脉中自由流淌，潜移默化地涵养自我的道德世界。

磨炼心智，养育道德。大学教师道德养成不能只停留在理论层面上，更要在实践中磨砺，大学教师的道德情感、道德意志与道德行为需要在实践中培育。大学教师只有经过艰苦的历练，持久的磨砺，才能培育完善的心智，成就道德的自我。如孟子所言："故天将降大任于斯人也，必先苦其心志，劳其筋骨，饿其体肤，空乏其身，行拂乱其所为，所以动心忍性，增益其所不能。"（《孟子·告子下》）大学教师的道德养成需要慢慢打磨，如切如磋，如琢如磨，而绝非一日之功。大学教师道德修养的涵养如同加工骨器那样，切了还要磋；如同加工玉器那样，琢了还要磨。大学教师要从小处着眼，积善去恶，防微杜渐，不断磨炼心智，增强道德的自律性，实现道德的节制。

道德实践必须注重培育大学教师坚韧的心理，引导广大大学教师严格履行自我的道德责任，对自我的内心和行为有所限定，进而保有道德的韧性，磨砺道德的心性。"古之得道者，穷亦乐，通亦乐，所乐非穷通也。道得于此，则穷通为寒暑风雨之序矣。"（《庄子·让王》）古代得道之人，无论是穷困还是通达，都会感到快乐，因为他们的快乐不受穷困或通达的影响，而是由于获得了道德。因此，面对穷困或通达的境况，大学教师也要像古代贤者一样视之为寒暑风雨一样,只是瞬间消逝的东西,不要让其影响自身的心绪。大学教师要经得住实践的考验,潜心问学,专心育人;要认真钻研业务、精益求精,促进自身专业成长;要真正以学生为本,为学生的全面发展提供助力;要学会拒绝不合理的要求,保有自身的纯洁性。面对现实的境遇,多元的取向,众多的诱惑,大学教师要淡泊名利,抛弃杂念,独享其乐。君子的德行若风,百姓的德行若草,风从草上掠过,草随风倒。大学教师要追求高尚的道德精神,潜心磨砺,着力提升自我的道德风尚,实现自我的道德救赎。只有这样,大学教师才能获得心灵的安宁、精神的慰藉与道德的完满。

持之以恒,追寻道德。执着是大学教师道德养成的关键。大学教师要时刻谨记自身的使命,面对危险,要以学生利益为先;面对欲望,不能放纵自己,要理性地面对考验;面对教育事业,要不忘本心,坚守教育的理想。大学教师要确立稳固的价值取向,不能朝令夕改,必须恪守这份事业的担当。在一定意义上,选择了教育就意味着选择了清贫,大学教师不能为了个人的私利,无原则地跳槽或者进行其他谋取私利的活动,这都有悖于教育事业的初衷,也是不道德的行为。面对纷繁复杂的社会,各种挑战与机遇并存,大学教师只有把持底线、矢志不渝、默默坚守,方能夯实道德基础,提升道德境界。

大学教师道德养成不可能一蹴而就,因此,需要大学教师在实践中默默坚守,始终如一,绝不能半途而废,功败垂成。如孔子所言:"譬如为山,未成一篑,止,吾止也。譬如平地,虽覆一篑,进,吾往也。"❶不积跬步无以至千里,不积小流无以成江海,不积小德无以成大德。大学教师道德养成如同堆一座山,必须坚持不懈。只有执着坚持、不懈追求、永不放弃,才能攻坚克难、积土成山、积流成河。宝剑锋从磨砺出,梅花香自苦寒来。大学教师要耐得住寂寞,经得住考验,以领会道德的真谛,感受道德的魅力,实践道德的精神。大学教师通过追寻道德,摆脱道德的困境,打破心魔的控制,实现精神的自由。精神的自由超越于生死之外,在自我超越中展现独特的个性,实现自我的道德解放。大学教师要以为天地立心,为生民立命,为往圣

---

❶ 邹憬.论语译注[M].上海:上海三联书店,2012:130.

继绝学，为万世开太平的博大胸怀，执着追求应有的道德理想。大学教师要学会道德地存在，道德存在比物质存在更重要。大学教师最有意义的行为，莫过于为自我行为的道德化而奋斗。大学教师的职业幸福，甚至存在的正当性均取决于是否道德。唯有积淀高贵的道德，才能赋予大学教师生命以美好和尊严。

志存高远，坚守道德。大学教师要深入实践调研，了解教育实际，把握教育动态，找出自身差距，主动强化自身道德养成，以符合社会发展对大学教师提出的新的道德要求。大学教师只有能够认识他人，确证自我，战胜自我，才能明晰真正的自我。如老子所言："知人者智，自知者明。胜人者有力，自胜者强。"（《老子》）大学教师要具有强烈的自我存在感，敢于挑战现实，承担使命，开拓属于自我的道德生活。大学教师要坚定自我的道德信念，坚守自我的道德准则。大学教师只有不拘泥于当下，着眼于未来，才能高瞻远瞩、未雨绸缪，不断充实内在的自我，塑造自我高贵的精神和坚毅的品格，真正成为道德的践行者、追寻者与捍卫者。

大学教师要通过道德实践磨砺心性，塑造品格，追寻道德理想。子曰："里仁为美。择不处仁，焉得知？不仁者不可以久处约，不可以长处乐。"（《论语·里仁》）不仁的人不可能长久地居于穷困中，也不可能长久地居于安乐中。仁德乃生命之根本，人之成为人的根本。丢掉仁德即是失去存在的根基，丢掉人的魂灵。大学教师要博施仁爱，坚守独立的人格，塑造智慧、勇敢而有毅力的道德品格，同时要心系国家的发展与民族的振兴。如范仲淹在《岳阳楼记》中所言："居庙堂之高，则忧其民；处江湖之远，则忧其君。"大学教师要有天下为公的使命感，要有实现中华民族伟大复兴的责任与担当；要以世界眼光、全球视野审视时代问题；要超越世俗的藩篱，放眼宽广的未来；要志存高远，捍卫自我的人格尊严，不追逐权势、金钱和名望。大学教师要展现内在的道德力量、心灵力量以及精神力量；要赞美当前的快乐，否定自我的虚名；要拥有一些对自我或他人有用的或令自我或他人感到愉悦的德性品质。总之，大学教师要自觉加强自我的道德养成，坚持教书和育人相统一，坚持言传和身教相统一，坚持潜心问道和关注社会相统一，以真正实践"以德立身、以德立学、以德立教"的道德理想。

（三）大学行政人员的道德义务

1. 公私分明，公道正派

"公正无私，一言而万民齐。"（《淮南子·兵略训》）大学行政人员做事要公正没有私心，说一句话就能让大学教师团结一致，万众一心。《礼记·礼运》："大道之行也，天下为公。选贤与能，讲信修睦。故人不独亲其亲，不独子其子，使老有所终，壮有所用，幼有所长，鳏寡孤独废疾者皆有所养。"揭示了"公"的具体含义，将"公"作为道德的根本原则，将"天下为公"作为人类社会的崇高理想。"去私者，所以立公道也。唯公，然后可以正天下。"（《傅子·问政》）大学行政人员要去掉私情，确立至公至正的原则。只有公正无私，大学行政人员的工作才能获得大学教师的认可。大学行政人员一心为公，廉洁自律，就能言行一致，刚正不阿，如果公私不分就会公事私办、假公济私。公私不分可以说是大学行政人员腐败的根源，因此，大学行政人员要讲规矩，要守得住底线，始终坚守公平公正，捍卫自我的尊严与荣耀。"矩不正不可以为方，规不正不可以为圆。身者，事之规矩也，未闻枉己而能正人者也。"（《淮南子·诠言》）矩不端正，就不能画方形；规不端正，就不能画圆形。作为大学行政人员，就是要洁身自好，遵守并践行行事的规矩。大学行政人员自己不正派就无法端正工作的态度，无法公正地处理相关事务，势必导致大学行政人员公信力下降，阻碍大学道德建设的深入实践。

2. 清廉律己，人心悦服

清廉若水、自律铭心，是一种思想作风，也是一种人格力量，更是立身之本、为人之道、处事之基。"廉者，政之本也。"（《晏子春秋·内篇杂下》）廉洁是大学行政人员从政的根本。大学行政人员要清白做人、廉洁自律、不徇私情、不谋私利。大学行政人员要加强道德建设，做清正廉洁的表率，清廉更是大学行政人员增强权威性、提高感召力、加强影响力、提高领导力的关键，这才是大学教师乐于接纳的道德领导方式。"吏不畏吾严而畏吾廉，民不服吾能而服吾公。公则民不敢慢，廉则吏不敢欺。公生明，廉生威。"(《官箴》)下属不畏惧我的威严，而畏惧我的廉洁；人民不信服我的才能，而信服我的公正。公正则人民不敢轻慢，廉洁则下属不敢欺骗。公正使大学行政人员形象鲜明，廉洁可以使大学行政人员树立威信。奉行清正廉洁的大学行政人员才能走得正，行得远。大学行政人员要学会控制自己的欲望，面对诱惑要能克制住自己，要克服羡贪、攀比等不良心态。大学行政人员要见贤思齐，见不贤而自省，汲取他人之长，补己之短，力求完善自己。大学行政人员要严于自律、洁身自好、公正清廉、不畏强权，只有这样，才能深受大学教师的拥护，才能履行自身的神圣使命，才能成为道德的楷模。

大学行政人员要确立正确的义利观。"生亦我所欲也，义亦我所欲也；二者不可得兼，舍生而取义者也。生亦我所欲，所欲有甚于生者，故不为苟得也；死亦我所恶，所恶有甚于死者，故患有所不辟也。"(《孟子·告子上》)生命是我想拥有的，正义也是我想拥有的；如果不能两样都拥有，我就舍弃生命而坚持正义。生命是我想拥有的，但是还有比生命更使我想拥有的，所以我愿意苟且偷生；死亡是我厌恶的，但是还有比死亡更使我厌恶的，所以我不愿意因为厌恶死亡而逃避某些祸患。"官肯着意一分，民受十分之惠。上能吃苦一点，民沾万点之恩。"(《格言联璧·从政》)做官的人能够对百姓多花一分的心意，老百姓就能够得到十分恩惠；做官的如果能多吃一点苦，老百姓就能受惠万分。大学行政人员要借鉴古人的智慧，处于宁静，修养自身，生活节俭，以成为他人的表率。大学行政人员心态宁静就不会干扰他人，他人就不会有所怨恨，进而形成有机的内部联系，形成团结的大学教育共同体。

3.处事谦和，有容乃大

所谓谦虚，就是虚心，不自满，不自高自大，不自以为是，不占有利益，互相尊重、协作。大学行政人员要为人谦和，而不是趾高气扬。"满招损，谦受益，时乃天道。"(《尚书·大禹谟》)自满会给大学行政人员招来损害，谦虚会让大学行政人员受到益处。谦和，即谦虚平和，是大学行政人员对外部事物和自己言行密切注意的为人处世的理念、原则、态度和方法，是大学行政人员人格修养水平的重要体现，因此，大学行政人员必须秉持谦和的态度，坦然面对一切，以更好地履行自身的职责。

三、大学个体的道德原则

（一）大学学者的道德原则

1. 求真

求真就是要探求未知的永恒真理。求真是学者应当坚守的道德原则，是学术的根本，是学术的动力和活力源泉。求真是真学者的共性。只有求真，才能辨明是非，厘清善恶，追问本原，最终体现学术的真谛。

学者的核心使命就是求真。学术研究本身实际就是追求真的过程。而科学的新发现要依赖学者的不懈研究，才能逐步把握科学的本质。追求真是学者不断揭示科学奥秘的过程。但是，我们不否认，学者不可能穷尽所有真理，因此，需要学者执着前行，审慎追问，不断把握真理。亚里士多德认为，"对真理的思辨，既困难，又容易。从没有一个人能够把握它本身，也没有一个人毫无所得。"❶ 这句话表明，学术研究是一个不断"求真"的过程，一个"求真"的人不会毫无所得，总会得到某些真理。

从伦理学的意义上讲，学术价值观其实就是一个以"求真"为中心任务的完整体系。这个"求真"符合科学的"真"，因此，其最终也是"善"的、"美"的。这是因为科学的本质表现为"真"的基础上"真、善、美"的统一，"真、善、美"是浑然一体的，在实践中是互补互渗互动的。真、善、美其实就是科学本质"真"的不同侧面。例如，就其反映客观事物的本质和规律而言是"真"，就其表现人的幸福而言是"善"，就其能满足人的感官需要（审

---

❶ 苗力田. 亚里士多德选集（形而上学卷）[M]. 北京：中国人民大学出版社，2000：41.

美需要）而言则是"美"。

学术以"求真"为核心价值取向，但学术"求真"的目的绝不是一种自私自利的享乐，而是以"求真"为基础，力求与"征善""致美"的统一。从事物的本质出发看待和建构对象，以真致美，以真征善；从实用的角度出发看待和建构对象，是以善求真，以善得美；以超越功利的目的追求科学本质的实现，是以美启真、以美臻真。学术的本质就是在求真的基础上，揉合了人类情感的、认识的、表达的、理智的、伦理的以及审美的需要，这正是给了学术以求真征善致美的动因和目标。

"求真"是一种学术传统。"求真"是人类学术史的主线。从古希腊的亚里士多德到德国现代哲学家弗雷格，都在重复一个问题，即"求真"是学术的永恒主题。文艺复兴时期哲学先驱尼古拉·库萨在其所著的《论有学识的无知》一书中首次号召学者到现世生活中"读上帝亲手写的书"，即"通过大自然让我们走向真理"。❶从"以柏拉图为友，以亚里士多德为友，更要以真理为友"的哈佛大学的校训以及 VERITAS（拉丁文："真理"）的校徽中，可以看出 300 多年来哈佛学人所延续的学术"求真"的价值取向。美国哈佛大学前校长查尔斯·埃利奥特就认为大学是大学教师的集合体，是知识的仓库，是真理的寻求者。

"求真"不仅体现了学者的智慧，也体现了学者高贵的人格。在学术发展史上，新思想、新学说的创立，都是由学者"求真"的主体人格创造出来的。在探索真理的学术活动中，一些学者逐渐养成了不畏艰险、不怕挫折、锲而不舍、永往直前地追求真理和捍卫真理等优秀的人格品质。这些人格品质正是学者"求真"价值取向的完美展现。这种人格表现为一种为真理而甘于奉献的精神。"求真"一旦融入学者的心灵，就将成为其主导的学术价值取向，就会推动学者勇敢向前，不断探索未知世界。

2. 严谨

学者要保持"严谨"，它是维护学术道德的底线要求。也就是说，"严

---

❶ 尼古拉·库萨. 论有学识的无知［M］. 尹大贻，译. 北京：商务印书馆，1997：9.

谨"是学者最基本的学术道德原则，是学者个人学术德性的最后边界或屏障。需要强调说明的是，设定底线道德并不是将学术道德的标准降格以求，恰恰相反，却是学者通往自己学术理想的起点和必由之路。

严谨是学者追求学术生活的前提。俄国哲学家赫尔岑曾嘲笑19世纪40年代莫斯科像拉霍夫之流的、不肯严谨治学的学者，"他智力高强，然而较富有突发性和狂热性，而缺乏辩证性，他刚愎自用地急躁地追逼真理，……不是谦虚地以献身的精神去寻求未发现的东西，而是寻求可以使人心安理得的真理，因此真理躲过了他那种想入非非的追求，是不足为奇的。他抱怨，他恼怒。"❶ 由此可见，如果学者在学术活动过程中缺乏严谨的治学态度，往往会被一些表面现象迷惑、误导，从而迷失自我，把握不住事物的本质和规律，与真理无缘。

学者要克服急于传播自己学术结果的冲动，要有效关注研究结果，认真反思，小心求证，防止出现出错的结论。学者要秉持学术上的"严谨"伦理价值观，始终慎重地对待学术，以避免违背学术道德价值观的事情发生；要及时修正自己在研究过程中的错误，要敢于承认公开发表成果中出现的错误；要管理好自己的研究团队，并有义务纠正他们在科研中所犯的错误；要慎重地在公开场合发表言论，不能想当然地主观臆测；要尊重他人的研究成果并正确地使用；要审慎地评价他人的研究成果，不夸大也不缩小，等等。

严谨要求我们耐得住寂寞，经得住考验。子曰："君子食无求饱，居无求安，敏于事而慎于言，就有道而正焉，可谓好学也已。"❷ 孔子讲道，君子不要求吃得饱，住得安定舒适。君子办事机敏，说话谨慎，拜德行高尚的人为师，以纠正自己的过失。这样做就可称得上好学的人。严谨要求学者实事求是，身体力行。实事求是，是一种思维方法，也是一种美德，还是一个实践。"实文、实行、实体、实用，卒为天地造实绩。"（《存学篇》）学者行文要实事求是，行为要实事求是，内在要实事求是，外表要实事求是，只有这样，才能创造一番实际有益的事业。"既无事功，则道义者乃无用之

---

❶ 赫尔岑.科学中华而不实的作风［M］.李原，译.北京：商务印书馆，1981：107.
❷ 邹憬.论语译注［M］.上海：上海三联书店，2012：9.

虚言尔。"(《学习记言》)学者如果不亲身实践,在事业上见到功效,那么,所学到的道理便是无用的空话。实事求是的思想路线,不仅受思想方法、认识能力以及其他客观条件的制约,也与道德境界的高低直接相关。学者的道德境界的高低决定了能否真正脚踏实地、实事求是地带动学术的有序发展。为此,就需要学者秉持学术上的"严谨",始终慎重地对待学术,以避免违背学术道德的事情发生。

3. 虔敬

学者对待学术研究要虔诚,要心怀敬畏,只有这样,才能将学术融入自身的血脉,成为自我的精神支柱;才能去探寻未知世界,触碰普遍的真理,以不愧为一名新时代的学者。

虔诚能够引导学者深刻地认识自我,认识他人,认识社会。"人是一种唯一能够具有充分自我意识的存在物,他的理性赋予了他一种自我超越的能力。他在同环境和其他生命的关系中来了解自己,理性使他能够在某种限度内指导他的生命能量,使他的生命能量与其他人的生命能量一道和谐地流泻,而不是相互冲突。"❶虔诚能够引导学者超越自身的生命冲动,保障自身的道德养成。学者的虔诚程度发展得越高,就越能正确地评价其他生命的需要,就越能意识到自身的动机与冲动的真正性质,就越能够协调产生于自身的生命冲动与产生于社会的冲动之间的冲突,就越能够选择有效的方法去实现社会所赞许的目的。因此,在许多情况下,虔诚能够增进学者的道德能力。

虔诚的学者能够成为"从心所欲,不逾矩"的自由主体。主体性人格建立在道德理性的基础上。穷理、致知能够联系在一起。朱熹要求学者通过格物穷理的方式,使外在理与内心知融为一体。其主张:"盖人心之灵,莫不有知;而天下之物,莫不有理。惟于理有未穷,故其知有不尽也。是以大学始教,必使学者即凡天下之物,莫不因其已知之理而益穷之,以求至乎其极。"(《四书章句集注·大学章句》)此处强调的是儒家的伦理规范、知识体系,而人心之知也是儒家教育所要培育的道德理性。具有这种道德理性,就能实

---

❶ R. 尼布尔. 道德的人与不道德的社会[M]. 蒋庆,等译. 贵阳:贵州人民出版社,2007:16.

现仁道的价值，成就一个具有伦理主体精神的自由人格。虔诚的学者能够更好地利用条件把握现实的诉求，呈现符合外在需要的行为。而对其他人的境遇，他们会产生共鸣，会有所感悟。但是，完全使学者满足他人的需要，弱化自身的需要，则是比较困难的。在大学共同体中，学者的诉求容易被群体的需要掩盖。这是学者与群体间缺乏有机联系造成的。因此，要强化学者与大学间的融合，加强二者的内在联系，强化学者的认同感。

学者要敬畏学术工作。作为学者，必须敬畏自身所从事的学术事业，要怀揣理想，理性地对待学术事业；要有尊严地对待学术生活，重视自身所从事的职业。学者要对学术事业充满激情，全身心投入，乐于奉献，严于律己，淡泊名利，品德高尚，人格健全，这才是学者应有的道德表现。只有这样，学者才会获得社会和他者的尊重与承认，而这一切均要靠学者自身去获得，这是学者道德素养的体现。学者必须严肃地对待道德问题，重视道德修养，关注道德信仰，重视道德行为，这样才能形成敬畏的心理。

道德敬畏能够提升学者的道德修养，健全学者的道德人格，提升学者的道德境界，学者必须自觉地敬畏道德，摒弃道德失范，将自我塑造成道德完满的人。学者要加强道德上的"自我立法"。学术道德的体现不是靠外在的强制，而是靠内在的自律。学者要主动建构自我内在的道德立法，需要由他律走向自律。在自律过程中，体现自身存在的价值与意义，展现自身的职业理想，是学者自觉地调控自我、反思自我、约束自我的一种过程。在这一历程中，学者会很好地处理遇到的各种问题，即使触及切身利益，也不会受到影响。道德敬畏是学者内在的认同，能够保证道德行为的践行，不违背学术道德的要求，从而始终抱有对自我、对他者、对学术负责任的态度。

（二）大学教师的道德原则

1. 仁慈

大学教师必须遵循大学教师自身的道德准则，只有这样，才能维护自身的道德形象。大学教师要恪守自身的道德行为，成为学生的榜样，社会的象征，道德的捍卫者。儒家提倡仁，重视仁。"温良者，仁之本也。敬慎者，仁之地也。

宽裕者，仁之作也。孙接者，仁之能也。礼节者，仁之貌也。言谈者，仁之文也。歌乐者，仁之和也。分散者，仁之施也。儒者兼此而有之，犹且不敢言仁也。其尊让有如此者。"❶ 温厚善良是仁的根本，恭敬慎重是仁的归宿，胸襟宽广是仁的发扬，谦逊待人是仁的能力，礼节是仁的外表，言谈是体现仁的文采，唱歌跳舞是体现仁的和谐，有福同享是仁的施行。儒者具备了上述德行，尚不敢说自己合乎仁，儒者的尊重谦让就是这样的。即使人们认为仁慈不是道德的要求，而是某种非本质的、道德上的善的东西，人们仍然把仁慈看作道德的一个重要方面——如果不是必要的，也是令人向往的。

德国伦理学家包尔生认为仁慈是社会德性的总的形式。可以把仁慈规定为有助于阻止纷扰和创造有利生活条件并以此来增强周围人们幸福感的意志习惯和行为方式。他还指出："同情是积极的社会德性的基础，但它绝不是德性本身……像生命冲动的任何方面一样，它必须接受理性的教育和训导；在理性的意志中，它既实现自己，又限制自己——就其达到了推动人类幸福的目的而言它实现着自己，就其需要防止有害的结果而言它必须限制自己。"❷ 仁慈受理性的引导。仁慈是理性呵护下的一种特质。仁慈是具有高度理智性和超越性的爱心与宽恕的伦理精神和道德原则。仁慈是大学教师的本质特性，没有仁慈的大学教师必将是冷漠的、刻板的、僵化的机器。仁慈有别于公正原则的德性原则。英国伦理学家拉斐尔认为，慈善是一个恩惠或惠赐的问题。一个有良心的人会感觉到他具有成为慈善家的责任；如果他认为自己仅仅是在恩赐，他会玷污作为美德的慈善的光辉。作为一种责任，慈善是超过要求的责任，它超越了完善义务的责任要求我们做的事情、公正要求我们做的事情。慈善超越了公正，要求大学教师更多地站在对方的角度思考问题，力求满足对方的需求，强调的是舍弃、给予与宽容。

大学教师要有仁爱之心。子曰："不仁者不可以久处约，不可以长处乐。

---

❶ 贾德永.礼记·孝经译注[M].上海：上海三联书店，2013：249.
❷ 弗里德里希·包尔生.伦理学体系[M].何怀宏，廖申白，译.北京：中国社会科学出版社，1988：514-515.

仁者安仁，知者利仁。"❶ 不仁者不可能长久地安于贫穷，也不可能长久地处于快乐中。仁者为求安心而行仁，聪明人行仁是仁合乎他的利益。子曰："唯仁者能好人，能恶人。"❷ 只有讲仁爱的人才能切实地喜欢人、厌恶人。孟子将"恻隐之心""羞恶之心""恭敬之心""是非之心"作为人性的主要内容。其认为："无恻隐之心，非人也；无羞恶之心，非人也；无是非之心，非人也。恻隐之心，仁之端也；羞恶之心，义之端也；辞让之心，礼之端也；是非之心，智之端也。"（《孟子·公孙丑上》）孟子从四心引出仁义、礼智的德目，这"四端"也就是善端，即善的萌芽，具有向善的可能性，人只要顺着善性发展就有善行。恻隐之心，仁之端也。"没有想象中的同情，道德就永远是粗暴的、残忍的，只能表现一心想要改造和支配世界的某种特殊典型的需要和情操。"❸ 儒家提倡忠恕之道，所谓忠道指己欲立而立人，己欲达而达人；恕道指己所不欲，勿施于人。人同此心，物同此理，归根结底，忠恕之道的实质就是道德主体基于仁爱之同情心基础上的将心比心，其实质与人的道德同情感密切相连。所以，大学教师要有仁爱之心。

　　大学教师要怀有仁爱的情感。"唯有通过行善，一个人才能真正享受做杰出者的好处。"❹ "没有什么品质比慈善和人道，友谊和感激，自然感情和公共精神，或凡发端于对他人的温柔同情和对我们人类种族的慷慨关怀的东西，更有资格获得人类的一般的善意和赞许。这些品质无论出现在哪里都似乎在某种程度上潜移默化于每一个注目者中，并在他们自身唤起它们所施加于周围所有人的同样那些愉悦的和亲切的情感。"❺ 没有什么能比卓越程度的仁爱情感赋予任何一个人类被造物以更多的价值，仁爱情感的价值至少一部分来自其促进人类利益和造福人类社会的趋向。仁爱情感具有自身的道德价值与意义。仁爱的大学教师方能促进教育秩序的和谐，增进学生的个人

---

❶ 邹憬.论语译注［M］.上海：上海三联书店，2012：42.
❷ 邹憬.论语译注［M］.上海：上海三联书店，2012：43.
❸ H.帕克.美学原理［M］.张今，译.桂林：广西师范大学出版社，2001：274.
❹ 休谟.道德原则研究［M］.曾晓平，译.北京：商务印书馆，2001：29.
❺ 休谟.道德原则研究［M］.曾晓平，译.北京：商务印书馆，2001：3.

福祉，创造教育的公共福祉。大学教师要实践仁爱。大学教师要有仁爱之心。这是教师德性效用的一种体现，德性不是空泛的，要在教育实践中发挥效用，才是真正的德性，否则，必将是空谈、虚无的说教、符号化的代表，而非大学教师内在品质的体现，因此，我们谈仁爱，是真实的，内在的真诚与外在的真实的有机统一才是大学教师德性的显现。大学教师的仁慈不是无原则的放任，任由他人去肆意妄为，而是在道德范围内，遵从道德的约束，否则，就是不道德的，就是伪善。

2. 淡泊

蔡元培先生认为，教师是"人的榜样"，"自己的行为要做别人的模范"，所以，教师自身应有较高的道德修养。在北大组织"进德会"，以提高教师员工的道德水平，要求教师"满腔热忱地去关心、爱护学生"，并公正地对待学生，努力探索一些灵活的管理方法。梁启超认为，教育家要淡泊明志，献身教育事业，必终身以教育为职志。教育之外，无论何事均非所计。教育家要确立远大的理想与抱负，教育家的快乐"就藏在职业的本身，不必等到做完职业之后找别的事消遣才有快乐，所以能继续……这种快乐任凭你尽量享用，不会生出后患，所以能彻底……拿被教育人的快乐来助成自己的快乐，所以能圆满"。[1]因此，大学教师要奋发有为，百折不挠；要不离不弃，执着前行；要砥砺前行，努力成就自我的职业理想。

大学教师要克己复礼。"颜渊问仁，子曰：'克己复礼为仁。一日克己复礼，天下归仁焉。为仁由己，而由人乎哉？'"[2]颜渊问何谓仁。孔子说："约束克制自己，要让自己的言行符合礼，这就是仁。一旦克己复礼，天下人就会给予你仁的名声。要实行仁，全在于自己，哪能由他人决定呢？"大学教师要按礼行事。"颜渊曰：'请问其目。'子曰：'非礼勿视，非礼勿听，非礼勿言，非礼勿动。'"[3]颜渊问："仁的具体规定是什么？"孔子说："不符合礼的东西不看、不听、不说、不做。""仲弓问仁，子曰：'出门

---

[1] 梁启超.饮冰室合集[M].北京：中华书局，1989：13.
[2] 邹憬.论语译注[M].上海：上海三联书店，2012：169.
[3] 邹憬.论语译注[M].上海：上海三联书店，2012：169.

如见大宾，使民如承大祭。己所不欲，勿施于人。在邦无怨，在家无怨。'"❶仲弓问何为仁。孔子说："出门要像去会见贵宾一样庄重，使唤百姓要像承办大祭典一样严肃认真。自己所不喜欢的，切勿强加给人。在国、在家都别让人怨恨。"所以，大学教师要注重塑造自身的礼仪，以保有高贵的品格，塑造完善的自我。

陈鹤琴要求教师对人要和蔼可亲、不发脾气、帮助别人；对自己能掌握自我批评的武器、不自私、注意健康；对儿童热爱、公平；对同事必须合作；对工作有高度热情、富有创造、决不灰心；对学问要做到"学习、学习、再学习"；对敌人憎恨。❷大学教师要"敢探未发明的新理，即是创造精神；敢入未开化的边疆，即是开辟精神。"❸大学教师应"第一，追求真理；第二，讲真话；第三，驳假话；第四，跟学生学；第五，教你的学生做先生；第六，和学生、大众站在一条战线上"。❹总之，大学教师要塑造积极探究、勇于尝试和艰苦卓绝的精神；要与同事和衷共济；要学而不厌，诲人不倦。❺只有这样，才能真正肩负起传道授业解惑的重任，才能成为真正的人师，而非机械的教书匠。

3. 宽容

大学教师要更宽容他者，仁慈地宽恕他者的错误。我们所有的人都会犯错，我们太可耻、太软弱、太卑劣，所以不能不需要宽恕。作为人，难免会犯错误，也要宽恕他人的错误，为他人的生命和人生赋予积极的意义。"仁慈就是宽恕的美德——或者不如说得更确切一点，是宽恕的真实。"❻以宽容的心对待物与人，而不是斤斤计较，仇恨连连。爱是一种喜悦，不是无能

---

❶ 邹憬.论语译注［M］.上海：上海三联书店，2012：170.
❷ 北京市教育科学研究所.陈鹤琴教育文集下卷［M］.北京：北京出版社，1985：18.
❸ 华中师范大学教育科学研究所.陶行知全集（第1卷）［M］.长沙：湖南教育出版社，1984：113.
❹ 华中师范大学教育科学研究所.陶行知全集（第1卷）［M］.长沙：湖南教育出版社，1984：29.
❺ 林崇德.师德通览［M］.济南：山东教育出版社，2000：446.
❻ 安德列·孔特·斯蓬维尔.小爱大德［M］.赵克非，译.北京：中央编译出版社，1998：123.

为力或放弃；爱他的敌人，并不是不再反对他们，而是愉快地和他们斗争。宽容不是放任，而是一种爱的表达。大学教师要给予学生无私的爱。"热爱自己的孩子是一种本性，它既不是一种德性，也不是一种技艺。而教育孩子则是一种伟大的和困难的技艺，它首先需要控制自己的柔弱的本能冲动的能力。"❶ 师爱是一种道德的爱，发自内心的爱。大学教师对待学生要讲究方式方法，结合学生的特点，因地制宜地采取相应的方法，促进学生的快乐成长。

大学教师要宽容学生，特别是对待有困难的学生。"要关怀人，就是说对待儿童犹如对待自己的儿子一样。儿童学习不好，落后；儿童难于像他的同班学生那样学习；儿童或少年犯了流氓行为——所有这些都是糟糕的事。如果是你的儿子遇到了这种糟糕的事，你会怎么办？不见得会提出开除、减品行分数之类的处理办法。当然理智会提醒父母，这些办法也是需要的，但你首先会提出极端必要的办法去挽救儿子，只用惩罚是不能挽救人的。"❷ 大学教师要耐心、平和、机智地教化学生，真诚地爱学生，帮助学生获得成功。大学教师要包容学生的不足，在教育教学过程中，促进学生的健康成长，促进学生学业的发展，陶冶学生的性情，培育学生健全的人格，实现其生命的意义，反之，会伤害学生的自尊，丢失大学教师的担当，违背仁慈的原则。

大学教师应无条件地欣赏学生。对于学生的问题，大学教师应善于表达对学生的关爱，如同罗杰斯所讲，我像你一样深深地爱你。但是你的所作所为是令人不安的，所以如果你不这样做的话，我们双方都会更愉快。无条件地爱，体现了仁慈的原则，对于学生特别是发展过程中遇到瓶颈的学生，要允许其犯错，要包容他，这是道德关怀的体现，而不是无情地抛弃，这才是大学教师善的体现，才是仁慈的大学教师应有的作为。无条件地爱会建立良好的师生关系，解决很多隐性的矛盾，引导学生身心健康地发展。无条件地爱是一种道德的要求，但是不代表对学生放任自流，毫无约束。大学教师对

---

❶ 弗里德里希·包尔生.伦理学体系［M］.何怀宏，廖申白，译.北京：中国社会科学出版社，1988：515.

❷ 苏霍姆林斯基.给教师的一百条建议［M］.周蕖，译.天津：天津人民出版社，1981：17.

于学生存在的问题，依然需要积极地介入，引导学生的人格趋向完善，不愧于大学教师的声誉与声望。

（三）大学行政人员的道德原则

1. 坚持正义

正义是运用理性去评价和对待他人。正义是对善的寻求，对恶的摒弃。邪恶是丑陋的，粗鄙的，危险的。邪恶侵害人的生活，阻碍人类的发展，但有时邪恶却披着善的外衣，需要运用理性去揭露其本质，并将其抛弃。正义以育人为指向，以形成一个有机的教育共同体为归宿。公道或正义的规则完全依赖于人们所处的特定的状态和状况，它们的起源和实存归因于对它们的严格规范的遵守给公共带来的那种效用。正义不在于责备，关键在于欣赏。大学行政人员要欣赏、传播优秀的文化，成为社会正义力量的代表。正义要求大学行政人员诚实地对待他人，理性地对待他人。抑制对人们恶行的蔑视是一种道德上的制造伪币者，不表达对人们善举的赞美是一种道德贪污犯。但不做出合适的赞扬抑或批判的大学行政人员可能本不想不诚实或不公正。因此，大学行政人员必须秉持正义，公正地履行自身的职责。

正义要求大学行政人员根据他人作为一个个体应得的对待他。基本权利则要求大学行政人员以他人作为人类一员被赋予的对待他。正义要求大学行政人员将他人作为一个独立的个体来看待。在一定意义上，每一个人都是另一个人的另一个自我，他将把他的所有利益信托给每一个人自行处理，没有猜忌、没有隔阂、无分彼此，这是理想的和谐共处的状态。"一个人的正义感不是由那些有权威的人们为确保他坚定地服从为他们的利益而设计的规则而聪明地强加给他的强制性心理结构。"❶ 正义能够使大学行政人员公正地看待他人，采取正当的行为。从内在的角度看，最道德的行为是受公正无私的动机驱使的行为。大学行政人员要维护对等，而非歧视。"公道或正义的规则完全依赖于人们所处的特定的状态和状况，它们的起源和实存归因于对

---

❶ 罗尔斯.正义论[M].何怀宏，等译.北京：中国社会科学出版社，1988：518.

它们的严格规范的遵守给公共带来的那种效用。"❶大学行政人员要一视同仁，用一个标准或原则来评判。如果大学行政人员分门别类，依据个人的好恶进行判断，那就是一种偏私，违背了公正的原则。

大学行政人员要秉持一颗正义的心。大学行政人员要凝聚心灵的力量，道德的力量，信念的力量以及精神的力量。大学行政人员要赞美当前的快乐，否定自身的名望，应拥有一些对自己或他人有用的或令自己或他人愉快的德性品质。大学行政人员要坚持公正的惩罚，公正的表扬。"人们承认所有人都同等地欲求幸福，但是在对幸福的追求中成功者寥寥；一个相当重要的原因就是缺乏心灵的力量，心灵的力量可以使他们有能力抵御当前的舒适或快乐的诱惑，推动他们寻求更长远的利益和享受。"❷大学行政人员要尊重他人，这是公正的关键。大学行政人员要恪守公正。"一个人的正义感不是由那些有权威的人们为确保他坚定地服从为他们的利益而设计的规则而聪明地强加给他的强制性心理结构。"❸正义感的存在，促进了他律的实现。如尼布尔所言："从内在的角度看，最道德的行为是受公正无私的动机所驱使的行为。"❹道德的他律不是无规范的强制，不是道德霸权。只有尊重道德主体，遵从道德规范下的他律，才能实现道德的治理价值。大学行政人员要处理好与教师、与领导、与同事的关系，将公与私界限分明，公正客观地评价同事的为人与工作，并培育相互协作的精神。

2. 怀揣敬畏

敬畏指敬重而畏惧。大学行政人员要遵从道德的律令，审视道德状况，培育道德敬畏之心。道德敬畏是指："人们对道德法则，对善的事物及其社会价值与根源的强烈的崇敬和畏惧的道德情感体验。"❺也有学者认为："道

---

❶ 休谟.道德原则研究［M］.曾晓平，译.北京：商务印书馆，2001：39.
❷ 休谟.道德原则研究［M］.曾晓平，译.北京：商务印书馆，2001：90.
❸ 罗尔斯.正义论［M］.何怀宏，等译.北京：中国社会科学出版社，1988：518.
❹ 尼布尔.道德的人与不道德的社会［M］.蒋庆，译.贵阳：贵州人民出版社，2009：202.
❺ 龙静云，熊富标.论道德敬畏及其在个体道德生成中的作用［J］.道德与文明，2009（4）：18-22.

德敬畏是一种道德情感,是社会个体在对道德产生崇敬和畏怯的基础上,面对社会生活中形成的道德规范和伦理标准而建立的'人心秩序'。"❶因此,道德敬畏与大学行政人员的情感世界密切联系。大学行政人员情感的获得与其对自身、教育事业、学生等的认识密切相关。道德敬畏也表达了大学行政人员的道德情感。大学行政人员的道德敬畏源于对自身事业的认识,对教育与国家发展、民族未来、学生人生深层次联系的思考,基于这样的认识,道德敬畏感会自然产生。因此,为了完成历史赋予的使命,必须做到"仰不愧于天,俯不怍于人"(《孟子·尽心上》),这既是一种道德要求,也是大学行政人员的道德信念。与此同时,"真正的敬畏感作为一种内化的、人格化的情感品质,决定了个体稳定而持久的行为方式和生活方式,能始终对人们的内心和行动有所规约,且具有脱离情境性,具有恒久性和稳定性的特点。"❷因此,是否具有道德敬畏感,事关大学行政人员在工作领域的生存状态,教育事业的成败,事关大学行政人员能否确立道德信念,坚守道德底线,摒弃世俗观念,全身心投入教育教学工作中,服务于大学道德建设的现实需要。

　　大学行政人员必须秉持内在的道德信仰,源自内在的道德理性,保有对道德的虔诚与敬重。敬是畏的前提,有敬才有畏。敬畏不是恐惧,而是一种虔诚的道德状态。正如古人所讲:"善怕者,必身有所正,言有所规,行有所止,偶有逾矩,亦不出大格""有所畏者,其家必齐,无所畏者,必怠而睽""畏则不敢肆而德以成,无畏则从其所欲而及于祸"。❸王阳明主张,敬畏和一般的恐惧不同,其强调"立德"("敬义立")、"达道"("天道达")所应持有的一种谨慎和小心的心态。周国平先生在《有所敬畏》一文中认为,一个人可以不信神,但不能不相信神圣。如果不相信人世间有任何神圣价值,百无禁忌,为所欲为,这样的人与禽兽无异。相信神圣的人有所敬畏,在他的心目中,总有一些东西属于做人的根本,是不能亵渎的。他

---

❶ 周营军. 道德敬畏:个体道德养成的心理机制[J]. 河南师范大学学报(哲社版),2010(4):240-242.

❷ 苗贵云. 论敬畏感的缺失及培养[J]. 河南科技学院学报,2011(11):98-100.

❸ 王长国. 精神窄门的焦虑——论敬畏之心[J]. 探索与争鸣,2008(11):67-69.

并不是害怕受到惩罚，而是不肯丧失基本的人格。不论他对人生怎样充满欲求，他始终明白，一旦人格扫地，他在自己面前也失去了做人的自信和尊严，那么，一切欲求的满足都不能挽救他的人生的彻底失败。可见，"畏在这里不单纯是指一种害怕、顺从，而是指一种为了实现人生理想、信念而对自己行为的主动限制、反省，是一种道德自律，表达了一种有所不为的精神。"❶所以，大学行政人员要注重平时的道德训练，以塑造内在道德的自我，进而自觉地遵从外在的约束，实现真正的自律。

大学行政人员要敬畏道德的理想、道德的信念、道德的行为，这是崇高的象征、神圣的代表，是不可逾越的界限。如同康德所讲："有两种东西，我们愈时常、愈反复加以思维，它们就给人心灌注了时时在翻新、有加无已的赞叹和敬畏：头上的星空和内心的道德法则。"❷敬畏是内在道德信仰的表达，而非盲目的崇拜，是理性的自觉，而非盲目的冲动，这是大学行政人员必须具备的道德意识。敬畏能够引导大学行政人员由外在约束走向理性自觉，实现道德从他律走向自律。自律不是停留在语言、形式上，而是要体现在大学行政人员的行为中，是大学行政人员的一种自觉自愿的行为。

大学行政人员要塑造敬畏心理，抛弃过度的欲望。"人的灵魂被不纯净的欲望所燃烧，当失去唯一提供满足的手段的身体时，就游荡在大地上、出没于停置身体的地方，具有一种强烈要求恢复其所失去的感觉器官的愿望。"❸欲望的放纵，必然带来自我的迷失，失去精神的支柱，导致灵魂空洞。面对纷繁复杂的社会和众多的利益诱惑，如何洁身自好，摒弃过度的欲求，不为利益所左右，不为市场所牵引，这是大学行政人员需要思考的问题，也是必须要厘清的边界。只有这样，才能明确价值取向，恪守行为准则，坚守道德之标；才能有所为，有所不为；才能诗意地栖居在教育世界中而不为外物所累。

大学行政人员要树立耻感意识。耻感意识是个体依据内心的道德标准，

---

❶ 王晓丽.中国语境中的"敬畏感"[J].道德与文明，2009（4）：46-49.
❷ 康德.实践理性批判[M].关文云，译.北京：商务印书馆，1960：154.
❸ 休谟.道德原则研究[M].曾晓平，译.北京：商务印书馆，2001：89.

对于相应道德现象做出的否定性评价而形成的主观体验。其是个体对不合乎道德的表现的一种内在反应,是主体自治、自觉、自主的行为意识。耻感是与相应的是非观、审美观、善恶观相联系的,受内在道德律的指引。耻感是人的特性的体现,是自我的道德反省。孟子曾说:"人不可以无耻,无耻之耻,无耻矣。"(《孟子·公孙丑上》)人无羞恶之心,难以为人。耻感意识是促进大学行政人员加强自身道德建设的内在动力。耻感的发生,在于个体道德世界中存在一个理想我,因而,在本质上是达至理想我的一种道德激励的力量。耻感是道德敬畏的体现。如果大学行政人员没有是非观、善恶观、羞耻观,反而以耻为荣,那么怎能做到"有耻且格"(《论语·为政》)?作为现代大学行政人员,应当借鉴先贤智慧,恪守底线,不踩红线,坚持有所为、有所不为,从而确立正确的价值取向,捍卫内在的道德尊严。

3. 中庸适度

中国古代强调中庸为至德,强调要执中、时中、中言、中行,言行"允执其中"而不偏激,保持无过无不及的和谐理想状态,进而辨邪正,明善恶。孔子认为:"不得中行而与之,必也狂狷乎!狂者进取,狷者有所不为也。"(《论语·子路》)狂即狂妄,狷即拘谨,是两种独立的品格。君子按照中庸之道不狂不狷,才能做到"乐而不淫,哀而不伤""惠而不费,劳而不怨,欲而不贪,泰而不骄,威而不猛"。中庸是一种和谐,一种保持事物的秩序,一种合乎道德的状态。"中庸之为德也,其至矣乎!民鲜久矣。"❶中庸作为一种道德,算是至高无上的。大众缺乏这种道德已很久了。"仲尼曰:'君子中庸,小人反中庸。君子之中庸也,君子而时中;小人之中庸也,小人而无忌惮也。'"❷孔子说,君子行中庸之道,小人反中庸。君子行中庸之道,能时刻坚持不偏不倚;小人反中庸而行,总是肆无忌惮。

大学行政人员要坚守君子之道。子曰:"道之不行也,我知之矣,知者过之,愚者不及也;道之不明也,我知之矣,贤者过之,不肖者不及也。人莫不饮

---

❶ 邹憬. 论语译注 [M]. 上海:上海三联书店,2012:87.
❷ 樊东. 大学·中庸译注 [M]. 上海:上海三联书店,2013:45.

食也，鲜能知味也。"[1]孔子说："中庸之道不能在天下实行，我知道原因了：聪明的人做过了头，愚蠢的人做得不够。中庸之道不能彰明，我也知道原因了：贤良的人做过了头，无能的人做得不够。"这正像人们没有不吃饭的，但很少有人真正知道饭的滋味。""庸德之行，庸言之谨，有所不足，不敢不勉，有余不敢尽；言顾行，行顾言，君子胡不慥慥尔！"[2]平常品德的践行，平常言语的谨慎，这两方面我都有所不足，故而不敢不自我勉励啊，心有余力而不敢不竭尽全力。说话时要顾及自己的行动，行动时要顾及自己说过的话。大学行政成员要注重平常道德素养的践行，平常言语的谨慎，要注意自身的问题，不断强化勉励，竭尽全力提升自我的道德素养。大学行政成员在道德建设过程中，言说时要注意自己的行动，行动时要考虑自己说过的话，要做到诚信务实、言行一致，只有这样，才能达至君子的风范，成为一个道德完善的人。

大学行政人员要掌握度的原则。"敖不可长，欲不可从，志不可满，乐不可极。"[3]傲慢之心不可滋长，私情欲望不可放纵，志向追求不可满足，享受逸乐不可过分。大学行政人员必须把握中庸之道，超越了度，打破了底线，必将导致心灵的扭曲，欲望的无止境，理想的淡漠，意志的脆弱，而无法全身心投入育人事业中，这不是大学行政人员应该有的作为，是一种偏颇，无助于大学行政人员自身的道德成长。因此，大学道德建设就是要引领大学行政人员确立正确的价值取向，明晰自我的身份，认清自我的使命，承载自我的责任，不断韬光养晦，战胜自我，披荆斩棘，迎难而上，摒弃不正当的利益，追求道德的自我，成为恪守中庸之道的贤者。

---

[1] 樊东.大学·中庸译注［M］.上海：上海三联书店，2013：49.
[2] 樊东.大学·中庸译注［M］.上海：上海三联书店，2013：69.
[3] 贾德永.礼记·孝经译注［M］.上海：上海三联书店，2013：4.

第五章　新时代内蒙古地区大学师德建设的路径

内蒙古地区大学师德建设的关键在于实践，在于真正地落实。本章在结合内蒙古地区大学师德建设工作实际的前提下，继续追问新时代内蒙古地区大学师德建设的实践路径。力求通过强化大学的道德领导、维护大学教师的道德权利、培育大学教师的公共精神等，全面推进新时代内蒙古地区大学师德建设工作逐步走向深入，以期通过多方的协同努力，不断提高新时代内蒙古地区大学师德建设水平，不断充实内蒙古地区大学教师的道德生活，不断提升内蒙古地区大学教师的师德境界。

一、强化大学的道德领导

一个学校的领导者，每天都要提高自己的教学和教育技巧，只有把教学和教育以及研究和了解学生这些学校工作中最本质的东西摆在第一位，他才能成为一个好的领导者，成为一个有威信的、博学多识的教师。大学领导是大学道德建设的重要表征。大学道德建设需要首先加强大学道德领导。大学道德领导要对优秀传统文化继承与弘扬，否定价值的虚无，还要基于现实的批判。大学道德领导强调转化式、分享式、建构式、文化领导、愿景领导等维度，注重人文、沟通和民主，富于创造、激情与想象。大学道德领导能够构筑大学未来美好的愿景，建构有机的大学教育共同体，创建和谐的大学道德秩序。

中国几千年传统文化，形成了盲从权威的错误观念，这种缺乏判断的服从，"意味着承认权威具有超越于人的权力和智慧，有权根据自己的意愿施加命令、给予奖惩。权威要求服从，这不仅要使他人惧怕他的权力，而且要使人格外相信他在道德上的优越性和权力。对权威的尊重伴随着对此不可有所怀疑的禁忌。"❶ 但是，反观大学治理的实际，所谓的领导权威却不能完全令人信服。大学领导存在线性领导、行政命令为主的问题。部分大学领导的失败在于沉迷于自利、忽视情感和大学契约。这些问题折射出大学领导缺乏有效的信息沟通，缺乏教职员工的广泛参与，缺乏人文情怀。大学领导要转变观念，秉持道德领导的信念，将道德领导贯彻始终。"信奉要求对一系列理念的情感投入。一旦信奉获得适当的地位，一种理念结构就构成一种基于专业和道德权威的领导实践。从科层的、心理的和技术理性的权威转变为专业的和道德的权威。"❷ 只有这样，才能真正提升大学领导的道德性，促进大学道德建设的有效实践。

大学领导的失败有多重原因，但主要缘于："我们已逐渐把领导视作行为而不是行动，视作心理学方面的（因素）而不是心灵方面的（因素），视作与人有关的（东西），而不是与理念有关的（东西）；我们过度强调了科层的、心理的和技术的、理性的权威，而严重忽视了专业的和道德的权威。"❸ 萨乔万尼认为当前的大学领导割裂了领导之手、领导之脑及领导之心，割裂了领导的过程和领导的本质，缺乏道德的基础。面对大学领导存在的一系列问题，如果想要转换大学领导方式，那么，大学领导者必须重构自身的价值观，改变内在的心智图景。不同的心智图景会使大学领导者对待大学事务呈现出不同的理解与行为表现。价值观的重构能够改变大学领导者的心智图景和决定大学领导者的实践行为。

（一）大学领导要不忘初心，着眼于根本改变大学的未来命运

大学领导要牢记使命，砥砺前行，与大学教师同呼吸、共命运、心连心，

---

❶ 弗洛姆. 为自己的人 [M]. 孙依依, 译. 北京: 生活·新知·读书三联书店, 1988: 143.

❷ 萨乔万尼. 道德领导: 抵及学校改善的核心 [M]. 冯大鸣, 译. 上海: 上海教育出版社, 2002: 86.

❸ 萨乔万尼. 道德领导: 抵及学校改善的核心 [M]. 冯大鸣, 译. 上海: 上海教育出版社, 2002: 5.

朝着实现大学繁荣的宏伟目标奋勇前进。"德克萨斯州蝴蝶翅膀的扇动能够从根本上改变芝加哥的气候形态，那么一个人嘴唇的上下扇动，或者其看似无害的决定、偶然的行为，也可以从根本上改变一个组织未来的命运……而且的确如此。"❶大学领导如同特殊的蝴蝶，发挥重要的引领作用，影响大学的未来。大学领导不仅是智能、方法与手段的运用，更是心灵的投入，是对意义、价值与信仰的追寻。大学领导要"广泛开展理想信念教育，深化中国特色社会主义和中国梦宣传教育，弘扬民族精神和时代精神，加强爱国主义、集体主义、社会主义教育"❷，引导大学教师树立正确的历史观、民族观、国家观、文化观。大学领导必须以永不懈怠的精神状态和一往无前的奋斗姿态切实行动，注重团队建设、领导发展、分享式决策以及打造团队精神，要用多种方式触动大学教师，激发他们的情感，调动他们的热情，呼唤他们的价值信念，将大学教师凝聚在一起，与此同时，接受他们的思想，分享他们的经验，采纳他们的建议，引入他们的决策，并予以欣赏与鼓励，增强其参与大学治理的积极性，使大学教师共同担当大学领导。大学领导要通过点滴的行动把大学建设成一个道德共同体，把大学塑造成一个和谐的学习者的共同体。道德共同体意味着大学是大学教师和大学精神的完美契合，而不是机械的组合。道德共同体使大学与无意义的生活世界相分离，回归大学本真的意义世界，改变大学的道德风貌。

（二）大学领导要坚持以大学教师为中心，呈现独特的领导风格

道德领导，强调将教师作为学校的中坚力量，支持教师治校，并接受教师的影响，因而能够培养出负责的教师领导。反之，他们也会在与教师的互动中获益匪浅，而这又鼓励他们继续保持自身与教师的良性互动。大学教师是大学的创造者，是决定大学前途命运的根本力量。大学领导对自

---

❶ 迈克尔·富兰.变革的力量：深度变革［M］.中央教育科学研究所，加拿大多伦多国际学院，译.北京：教育科学出版社，2004：53.

❷ 新华网.习近平：决胜全面建成小康社会 夺取新时代中国特色社会主义伟大胜利——在中国共产党第十九次全国代表大会上的报告［EB/OL］.http：//news.xinhuanet.com/politics/19cpcnc/2017-10/27/c_1121867529.htm.

身职业生涯的关注不能超越对教师、学生、教学的关注,不能将大学领导一直视为强有力的、直接的和人际的工作。大学领导"作为领导者,需要帮助他的追随者澄清他们在学校的角色以及他们身上潜藏的价值,将个人价值与学校目标结合起来,使他们工作有激情、生活有意义"。❶大学领导不是领导者个人的事情,领导者要通过唤起大学教师高尚的思想情操来影响他们的行为,使大学组织中的人们愿意为大学美好的未来而携手并进,让他们被更高层次的需要驱动。大学领导要确立服务式领导观念,强调分享式领导。分享式领导是通过权力分享让他人变得强大,通过授权促进下属的自我管理的一种领导方式。领导者要甘于平淡,重视对大学教师长期的、细节上的引领,帮助他们确定自己的价值和需要。领导者要用多种方式激发大学教师的潜质,引领他们的价值观念,与此同时,接受他们的思想,分享他们的经验,采纳他们的建议,引入他们的决策,并予以欣赏与鼓励,增强其参与大学治理的积极性,使大学教师共同担当大学领导。分享式领导侧重于发挥大学教师的聪明才智。领导者要尊崇民主、自由、公正等价值理念,注重塑造大学教师的价值观、理想信念与人生目标,充分调动大学教师的全部工作热情。领导者要和教职员工共同构建大学的共同价值体系,妥善地处理大学内部主体间的关系。领导者要注重为大学教师提供展现自我的机会,鼓励其为了学校的发展而努力,同时,引导大学教师树立正确的道德价值取向,明确自身的道德权利与道德义务。在领导者与大学教师之间不存在不可逾越的鸿沟,也并非单纯的利益交换关系,而是事务的共谋与权力的分享。领导者要着力塑造大学教师多样的能力,使他们能够自觉参与现代大学治理,可以通过民主协商、领导发展以及积极行动来实现。领导者要将专业和道德权威结合起来,只有这样,才真正构成了分享式领导。通过分享式领导将学校由纯粹的组织转化为命运共同体。在命运共同体中,每一个人都享有相应的权利,同时,也必须履行对应的义务,共同承载大学的道德使命。

---

❶ 蔡怡.道德领导——新型的教育领导者[M].北京:教育科学出版社,2009:41.

（三）大学领导要发挥道德表率的作用，真正促进大学的有序发展

表率式领导是领导者自觉加强自我净化，强化道德修为，充分发挥模范引领作用，彰显独特领导品质的一种领导方式。以令率人，不若身先。如孔子所言："其身正，不令而行；其身不正，虽令不从。"（《论语·子路》）又言："政者，正也，子帅以正，孰敢不正？""子为政，焉用杀，子欲善，而民善矣！"（《论语·颜渊》）这说明，只要大学领导道德品质高尚，清廉为政，大学教师自然就会心悦诚服。孟子曰："以力服人者，非心服也，力不赡也，以德服人者，中心悦而诚服也。"（《孟子·公孙丑上》）因此，大学领导要从科层的、心理的和技术理性的权威转变为专业的和道德的权威。大学领导要率先垂范，自觉强化自身的道德建设，塑造自我高尚的道德情操。大学领导要"弘扬忠诚老实、公道正派、实事求是、清正廉洁等价值观，坚决防止和反对个人主义、分散主义、自由主义、本位主义、好人主义，坚决防止和反对宗派主义、圈子文化、码头文化，坚决反对搞两面派、做两面人。"[1] 大学领导要以多种方式影响人、感染人、促动人；要有责任意识、担当意识、使命意识、开拓意识；要为了促进学校的发展，实现学校的成功，竭尽全力，而不能把领导作为权利，作为满足个人利益的手段；要明确自身的义务，有所担当，要果断、坚强、有力；要对学校的事务提出真知灼见，对事务的处理要机智，对人事的配备要公正，使大学的领导转化为大学的行动。只有这样，才能激发大学教师的道德热情，唤起大学教师的道德情感，重塑大学教师的道德价值信念，最终提升大学的道德境界，实现大学个体道德与大学群体道德的完美契合。

（四）大学领导要实施愿景式领导，构筑大学美好的明天

愿景是一种关于现实的、可信的、有吸引力的、面向未来的观点。愿景式领导是通过确立宏伟前景，传达高绩效期望，传递新的价值观体系，以及

---

[1] 新华网.习近平：决胜全面建成小康社会 夺取新时代中国特色社会主义伟大胜利——在中国共产党第十九次全国代表大会上的报告［EB/OL］. http://news.xinhuanet.com/politics/19cpcnc/2017-10/27/c_1121867529.htm.

表明对未来前景的坚定信念的一种领导方式。愿景式领导不是虚幻的，而是需要切实地行动。大学愿景式领导能够将大学教师凝聚在一起，为大学教师注入力量，带来希望，激发热情，树立信心，但是这一愿景并不是凭空产生的、虚构的。大学愿景式"领导是一项艰难的工作。你不能只是将一个全球性的愿景表达出来之后就拍拍屁股走开。领导的真正问题是将这个愿景转化为现实。你并不一定非要是一位天才——你只要不断地给予关注就可以"。❶ 大学愿景式"领导是一种道德品质，意味着领导者的行动是建立在道德考量的基础上的，而不是说学校或其成员变得更有德性"。❷ 大学愿景式领导是一个互动的过程，如果离开了参与这个过程并做出反应的其他人，那就很难对领导做出有效的解释。大学愿景式领导能够构筑大学美好的未来。大学愿景式领导要使大学教师感觉到大学的独特之处，领略大学美好的未来。领导者所构筑的愿景要契合大学教师的价值取向，符合大学教师的共同利益，而且要善于将学校的愿景分享给他人，使大学教师感受到自我的兴趣和抱负与大学的愿景是一致的，从而激励他们为实现愿景而付出努力。与此同时，要着力构筑大学的道德契约，进而完善大学的愿景领导。大学道德契约是不同意愿的结合，一定诺言的约定，以彼此的信任为条件。通过订立道德契约，大学由一个世俗的组织变成了一个神圣的组织；由一个纯粹被设定去达成特定目标的工具变成了一个有德行的教育共同体。道德契约建立了不同的责任关系，明确了大学不同主体的权利与义务，规约着各自的行为。当愿景的价值和契约的附加价值都形成时，大学教师就会以更高的动机和责任感来作出回应，而且他们也会有卓越的行为表现，这无疑将促进大学的道德实践。

二、维护大学教师的道德权利

大学教师的道德权利是大学道德建设的重要指向，大学道德建设需要捍

---

❶ 罗伯特·波恩鲍姆.学术领导力［M］.周作宇，等译.北京：北京师范大学出版社，2008：116.

❷ 罗伯特·波恩鲍姆.学术领导力［M］.周作宇，等译.北京：北京师范大学出版社，2008：14.

卫大学教师的道德权利。大学教师的道德权利是大学教师在大学的道德体系或道德关系中的地位的规定。大学教师的道德权利的范围更大，不同于法律权利，大学教师享有的维护自身道德权益的权利。大学道德权利涉及大学教师的切实利益，维护大学教师道德权利的过程也就是深入推进大学道德建设的过程。

（一）维护大学教师的行为选择自由权

行为选择自由权是大学教师基于道德，自由选择行为方式并获取正当利益的权利。行为选择自由权为大学教师提供了行为选择的机会。在大学道德建设过程中，必须尊重大学教师的意志，引导其遵循一定的道德原则，选择道德的行为，实现道德的诉求。当大学教师面对外在的威胁、干涉或者侵扰时，可以依据道德的准则，自由选择道德的行为，并维护这样的行为，以保障自身的正当权益，这是大学教师行为选择自由权的体现。康德认为："任何与责任不相矛盾的行为都被允许去做，这种自由，由于不被相反的绝对命令所制约，使构成道德的权利，作为该行为的保证或资格。"❶大学教师有权自由选择契合道德要求的行为，抵制不道德的行为，这充分体现了对大学教师道德自主的尊重，能够促进其道德的生长。但是，行为选择自由权不是无限大的，也不是无约束的，它也有限度，必须依据道德规范与道德原则，否则就会被剥夺相应的权利。

（二）维护大学教师的人格平等权

人格是人的独特表征。人格的平等是基本的平等。人格的平等是一种获得他人、社会认同的心理需要。获得人格平等，能够证明自我存在的价值，展现自我内在的力量。人格平等权是大学教师在大学事务中受到平等对待的权利。人格平等权维护大学教师人格的独立性。大学道德建设要保障大学教师的人格平等权，强调大学教师间人格的平等是大学道德建设的内在精神，

---

❶ 康德.法的形而上学原理［M］.沈叔平，译.北京：商务印书馆，1991：25.

是大学道德建设的基本要求。在大学道德建设实践过程中,必须使每一个大学教师在大学生活中切实体验到自身平等地获得他人尊重的自豪感,体会到与他人平等地参与大学的事务,而且是受到保障、不可侵犯的。大学道德建设要解决大学内部的冲突,要厘清大学内部的道德关系,要维护大学教师人格的平等。只有这样,每一个大学教师才能享有人格的尊严,才会真正融入大学的道德生活,并且积极维护这样的道德生活,使大学成为一个平等的、独立的、道德的教育共同体。

(三)维护大学教师的公正评价权

公正评价权是指大学教师的道德行为获得公正的道德评价的权利。公正的道德评价能够弘扬正义,惩戒邪恶。只有公正的道德评价,才能引导大学教师获得正确的道德认知,明确道德责任,克服道德失范,始终秉持道德情怀。道德评价涉及主体的自身评价和外在的他人评价、社会评价。公正的道德评价就是对是非曲直的正确裁断,而不是主观臆断。即使违背了道德的规范,造成了不良的道德后果,也要获得公正的道德评价,这也是大学教师应该享有的道德权利。为了进行公正的道德评价,必须建立统一的道德评价标准。只有被大学教师普遍认可的道德评价标准,才能维护道德评价的公正。如果在大学校园内,没有一致的道德评价标准,那么,公正的道德评价就无法实现,必然导致道德混乱。大学的道德评价标准应该与大学的精神相一致,是大学努力达到的最好状态,是大学教师努力实现的道德目标与道德理想。大学要想做到公正的道德评价,还需要建立相应的道德评价组织机构,例如,"大学道德委员会",其构成以大学教师为主体,而非单一的行政领导,只有这样,才能保证大学道德评价的公平公正。另外,还需配套大学道德评价的技术,例如,"道德评价对象的日常行为表现、目的与效果以及方式与手段"等。大学道德评价既包括量化评价也包括质性评价,只有这样,才能全面客观地呈现大学的道德风貌。在引导大学教师获得公正评价的同时,也应引导其对他者进行公正的评价,不能施以不公正的评价,体现出不道德的行为。在大学道德评价过程中,要强化这样的观念,既保障自身的道德权利,也充分尊重他者的道德权益，这才是合理的道德评价。大学的道德评价还不完善，需要汲取历史经验，也要符合时代特征，更要考虑大学的实际。只要我们不断强化大学教师的道德主体意识，引导其公正评价自我与他人，同时，加强大学公正的道德评价机制建设，就能切实维护大学教师的道德权利，促进大学道德评价机制的完善。

（四）维护大学教师的主体权利

大学要保障大学教师的主体权利，在此层面上，其与大学道德建设的精神内在是一致的，是大学道德建设的基本要求。大学道德建设着眼于维护大学教师人格的独立性。人格的独立需要法制的保障，凸显法律主体的存在，因此，主体权利既有道德层面，也有法律层面，二者有机结合，更能彰显大学教师的独立人格。明确大学教师的主体权利，依据道德标准，明确其享受的道德自由、利益与选择的权利。明确自身享有的权益，本身就是一种道德的追求。如果违背了权利，那就违背了道德。引导大学教师捍卫自我的主体权利，与非道德的、侵害性的行为坚决抗争，为权利而斗争，切实保障自身的道德权益。大学教师既要维护自身正当的主体权益，也要关怀他人的合法权益，这是每一个大学教师必须践行的道德义务。权利与义务是对等的。在现代大学治理中，既不存在没有权利的义务，也不存在没有义务的权利。二者共同规约大学教师的行为。义务的获得源于权利的享有，反之亦然，否则，二者就是不恰切的、不合理的。只有全面把握大学的状况，维护大学教师的主体权利，才能了解大学道德建设的实质性内容，将大学道德建设真正引向更深层面。

三、建立大学的道德赏罚机制

中国传统伦理中德性达成是主观自觉的，而德性的坚持和发扬也全在于主体的自律，它在人性善端的薄弱基础上建起了富丽而崇高的美德伦理大厦，其建构中重自律、重宣讲、重私德，虽具有合理性，但缺乏普遍的制度规约与道德赏罚机制。反观现代大学治理，大学道德主要是靠大众舆论、内心信念、行为习惯等非功利的精神力量来维系的一套道德规范体系。道德具有非功利性、义务性、无私性。但是道德的考量毕竟受多重因素的影响，光靠自我的约束来保障是不可靠的，更需要外在的道德赏罚机制加以保障。大学的道德赏罚机制是大学道德建设的保障，大学道德建设需要建构大学的道德赏罚机制。大学道德赏罚机制是以社会舆论及其他多种利益机制为主要制约力量、以他律性的外在手段引导或诱导道德主体遵守和践行道德规范的控制形式。大学道德赏罚机制能够树立道德的权威，促进道德的内化，强化道德在大学治理过程中的重要地位。

以上从西方的激励理论讲到儒家的道德在管理中的作用，目的是要说明西方现代管理学中的激励理论与儒家人的行为的动力来自内在道德自律之间的差别。西方激励理论把人的生存需求放在第一位，是因为对人性认识的不同；儒家则把社会的、道德的需求放在极重要的位置上。但是，西方的激励理论并没有不重视人的精神的、道德的需求，而儒家也没有忽视人的生存的物质条件，只不过各自强调的重点不同罢了。纯从外部的刺激去寻求人的行为的动力，可能失之偏颇。人是一个极为复杂的社会存在，人确实有异于宇宙万物的灵性，这种灵性规定了人有自己的尊严、有自己的道德、价值追求和理想，这是一种内在的恒久的动力。

（一）鼓励道德行为，惩戒非道德行为，完善大学道德赏罚机制

大学道德赏罚机制的根本目的在于赏善罚恶，强化大学主体的道德自律，提高大学的道德水平。赏罚依据大学行为主体的行为后果，通过奖励道德的人，惩戒不道德的人，对大学道德建设进行评价与调控。由于人内在的避免惩罚的心理，所以大学道德赏罚机制还是会起到积极的作用。如罗素所言："在不具备刑法的情况下，我将去偷，但对监狱的恐惧使我保持了诚实，如果我乐意被赞扬，不喜欢被谴责，我邻人的道德情感就有着同刑法一样的效果。在理性盘算的基础上，相信来世永恒的报答和惩罚将构成一种甚至是更为有效的德性保护机制。"因此，在大学道德建设实践过程中，要将道德赏罚机制作为必不可少的手段，作为大学良性运转的机制，助推大学教师不断提升

自我净化、自我完善、自我革新、自我提高的能力,按照道德准则严于律己,规范和约束自身的行为。反之,假如大学没有健全的道德赏罚机制,颠倒黑白、混淆是非、善恶不分,那么,必然会扶邪驱正、遮蔽道德,导致大学道德堕落,造成大学秩序混乱,因而,健全的道德赏罚机制是大学道德建设实践历程中不可或缺的关键环节。❶基于此,我们必须在大学章程中明确规定大学的道德标准,设定大学的道德底线,要求大学教师必须遵守;必须发挥群体监督力量,共同维护大学的道德准则,抵制不道德的行为。大学的道德评价必须与大学教师的职位晋升、职称评聘、绩效考核等紧密相联,为此要建立大学教师的道德档案,构建道德监测机制,实行道德公开,定期发布大学道德质量报告。在此过程中,通过树立道德典范,积极宣传道德事迹,鼓励道德行为,助推大学教师不断提高自我净化、自我完善、自我革新的能力。针对道德失范行为实行一票否决制,以端正人心,使大学教师不苛求不可能的东西,不寻求占有过多的物质。但是,奖惩毕竟只是手段,根本还在于人心,要关注大学教师内在的道德养成,强化道德的自我立法,同时,建立动态的大学道德奖惩机制,消解伪道德,防范道德风险。只有通过合理的道德奖惩机制,才能逐步培养大学教师的道德习惯,丰富大学的道德资本,实现大学道德的转向。

(二)提倡道德激励,明确利益诉求,优化大学道德赏罚机制

个体在一定意义上,总是围绕个人的利益而活动的,利益驱动是个体行为的根本动因。道德赏罚就是责之以利,是对道德行为的一种利益回报,对非道德行为的一种利益剥夺。通过这一举措,能够在大学形成良好的道德风气,引领大学教师趋善避恶,寻求道德的选择。但是,大学教师的道德行为不只是源于外在的利益,也源于内在的动机、情感与价值观。包尔生认为:"全部道德文化的主要目的是塑造和培养理性意志使之成为全部行为的调节原则。"❷这说明道德赏罚的根本在于提高大学教师的道德水平,提升大学

---

❶ 罗素.伦理学和政治学中的人类社会[M].肖巍,译.北京:中国社会科学出版社,1990:73.
❷ 弗里德里希·包尔生.伦理学体系[M].何怀宏,廖申白,译.北京:中国社会科学出版社,1988:412.

教师的道德品质，而不是单纯的利益满足。这不是否定大学教师合理的物质需要，完全抹杀大学教师的心理需求，我们强调的是大学教师的更高的行为动因，使其追求高尚的、道德的、纯粹的行为目的。这说明道德赏罚的根本在于能够在大学形成良好的道德风气，引领大学教师趋善避恶，寻求道德的选择，而不是纯粹的利益驱动。因此，大学要成立专门的道德赏罚机构，例如"道德裁定委员会"，完善"道德申诉制度"，实施"道德问责制"，以零容忍态度惩戒大学非道德行为，公平合理地解决大学内部的道德问题，维护大学内部合理的利益关系。人类不仅受自利驱动，而且受我们的情感、价值观以及我们在各种团体中的成员身份所带来的社会契约的驱动。这不是否定大学教师合理的物质需要，完全抹杀大学教师的心理需求，我们强调的是大学教师更高的行为动因，追求高尚的行为目的。大学的道德赏罚既要有物质的奖励，也要有精神的鼓励；既要有道德的规劝，也要有法律的制裁。只有通过多种方式进行道德赏罚，公正地对大学教师的行为作出客观评价，才能引导大学教师确立正确的道德价值取向，践行合乎道德的行为。

（三）重视道德反馈，强化道德教育，健全大学道德赏罚机制

大学道德赏罚机制在维护大学道德纯洁中要发挥积极的作用，通过赏善罚恶，从正向与反向两个维度，保障大学的道德进步。大学的道德赏罚是一个有机的过程系统，要公平公正、明确范围、制定标准、建立原则、重视程序。大学的道德赏罚必须重视及时的反馈，要采用鲜活的正反实例说明问题、明辨是非，而非一纸空文、流于形式，这样既可以对道德赏罚的领域、规范、标准以及技术等进行审视，使之日趋完善，逐步适应日新月异的大学环境，也能对大学自身的道德赏罚机制进行评判，进而完善大学道德赏罚机制，使道德赏罚在保障大学道德建设实践的过程中发挥应有的功效。大学道德赏罚机制的运用要适度，要契合大学实际，同时，也不能忽视道德教育，通过"培育和践行社会主义核心价值观，不断增强意识形态领域主导权和话语权"[1]，

---

[1] 新华网.习近平：决胜全面建成小康社会 夺取新时代中国特色社会主义伟大胜利——在中国共产党第十九次全国代表大会上的报告[EB/OL]. http://news.xinhuanet.com/politics/19cpcnc/2017-10/27/c_1121867529.htm.

不断加强大学教师的道德教育，引导广大大学教师理解道德赏罚的内涵、价值与意义所在，使广大大学教师接纳、认可并乐于接受道德赏罚机制，否则，就不能发挥这一机制的真正功效，可能引起不良竞争，造成错误导向，势必为了奖赏而进行道德活动。因此，必须强化道德教育，通过法治的约束，明确赏罚的范围与意义所在，维护道德的权威，促进大学道德建设实践的深化，实现大学的善治。

（四）确立道德标准，摒弃道德虚无，构筑大学道德赏罚机制

大学道德赏罚机制是以社会舆论及其他多种利益机制为主要制约力量、以他律性的外在手段引导或诱导道德主体遵守和践行道德规范的控制形式。大学道德赏罚机制兼具功利性与道义性，既有对个体行为功利性的褒贬，也有维护道义的尊严。道德赏罚机制在维护大学道德纯洁中应当发挥积极的作用，通过制定道德准则，赏善罚恶，从正向与反向两个维度，引导大学道德建设。大学道德赏罚机制能够树立道德的权威，促进道德的内化，强化道德在大学治理过程中的地位。随着大学形势的变化，应该建立动态的道德赏罚机制，把握好赏罚的度，鼓励道德的行为，严惩违背道德规范的行为，为大学道德建设提供强大的助力，真正将道德建设落实到大学的实处，为大学公共福祉的创设提供有力的支撑。

四、健全大学师德建设长效机制

美国伦理学家弗兰克纳曾提出，为什么人类社会除了公约与法律之外，还需要一套道德系统？因为如果没有这一系统，人与人之间就丧失了共同生活的基本条件。对于内蒙古地区大学师德建设而言，有针对性的、可操作的大学教师师德建设长效机制，对于维护大学有序的教育教学，促进师生之间及教师与教师之间确立合理的道德关系将具有积极的现实意义。基于此，在解决内蒙古地区大学师德建设存在的主要问题的同时，必须把突出师德建设体制机制创新作为突破点，不断完善内蒙古地区大学师德建设运行机制，为

内蒙古地区大学师德建设提供有效保障。

(一) 完善大学师德建设考评机制

内蒙古地区高校要将师德建设作为评价各项工作的一项重要指标，摆脱传统奖惩性质的工作考核评价方式，不断创新工作考核考评方法，出台适应内蒙古地区大学实际的、更加合理、科学、高效的师德建设工作考核考评制度。确立高校教师师德建设工作考核考评的内容。有效的内容是实现有效考评的基础，包括诸如教师对教学的责任意识、教育理念的更新、教学方法和技术的改进、教学规章制度的遵守状况等；教师科研的态度、抵制学术腐败、坚守学术道德的品质、追寻永恒真理的精神等；维护社会公德，坚守职业道德，展现个人品德等；关心爱护学生、尊重团结同事、服从组织领导安排等维度。要建立高校教师师德建设考核考评队伍。也就是说，要把与教师有工作关系的上级领导、同事、学生以及学校服务管理人员作为考核主体，对教师进行全方位的考核，最大程度地保证考评结果的公正、全面。另外，确保内蒙古地区大学教师师德考核考评制度的有效执行，只有真正贯彻落实，才能发挥其真正的作用，而不至于流于形式。

(二) 成立师德建设工作组织机构

通过实地调研、微信、征求意见箱等多种方式，结合定性与定量、自评与他评等多种方式，落实师德建设工作，全面把握本单位师德现状。在了解师德建设现状的基础上，揭示并解决师德方面存在的问题与不足，分析其背后的缘由，找出未来师德建设工作的出路。在此过程中，树立师德模范榜样，引领广大教师自觉强化自身的道德建设，不断提升自身的道德素养。与此同时，针对存在师德问题的教师，应该予以积极关注，引导教师真正认识到自身存在的问题，并及时纠正，自觉强化自身的道德修为，从而真正解决教师道德建设存在的问题，不断提升整个高校教师队伍的师德水平。另外，要采取师德"一票否决制""师德末位淘汰制"等，进而切实将大学师德建设落到实处，全面提升内蒙古地区大学师德建设的成效。

（三）优化大学师德培训长效机制

内蒙古地区大学师德建设的核心问题在于建构完整系统的师德教育长效机制。在大学师德建设过程中，必须采取"严格筛选""灵活培训"的方式，开展"派出去、请进来"的培训模式，注重大学教师师德培训的时效性和针对性。另外，不断扩大和深化大学师德培训内容，根据大学教师需求安排培训内容，充分利用各类教师培训项目，积极开展大范围的对口帮扶支援，结合内蒙古地区的实际和民族教育的需求，有针对性地开展大学师德培训，保证大学师德培训取得预期效果。只有建立长期的大学师德培训机制，才能将大学师德建设真正融入大学教师的生活中，才能让大学师德建设真正深入人心，才能将大学师德建设的实效真正呈现出来。

内蒙古地区的大学师德培训不能流于形式，要定期举办，形成长期的运行机制；要围绕内蒙古地区大学师德建设存在的现实问题，针对薄弱环节，有针对性地开展相关大学师德培训，服务于广大大学教师专业成长的现实需要。与此同时，要结合本地区地域文化特色，开展具有民族文化特色的师德培训，力争打造独具内蒙古地区特色的大学师德培训体系，着力打造内蒙古大学师德培训文化品牌，进而将内蒙古地区大学师德建设真正融入大学教育实践的每一个环节，真正发挥其促进大学教师专业素养提升的积极作用，全面提高内蒙古地区大学教师的综合素养。

五、培育大学教师的公共精神

公共精神是未来公民必须具备的精神品质，它着眼于公共福祉的创造。大学教师作为未来的公民，只有逐步涵养公共精神，才能参与未来的公共生活。大学教师公共精神的培育需要师德建设的指引，师德建设是一种涵养大学教师公共精神的有效方式。通过将大学教师引入广阔的教育领域，引导大学教师在教育活动中平等地交往、自由地言说以及理智地行动，从而化育大学教师的公共理性，培育大学教师的公共精神，引导大学教师逐步趋向良善的生活。

公共精神有助于大学教师由个体生活走向公共生活，有助于大学教师由自然生命走向精神存在，有助于大学教师建构自我与世界的意义关系。"我们无法抛弃公共精神，没有公共精神，我们就没有个人精神；我们无法抛弃公共领域，没有公共领域，我们就没有展示自我和证实自我的可能性，也即没有成为人的可能性。"❶ 大学教师作为独立的个体，将由独立的存在走向关系的存在，将由个人回归群体，将由个体趋向共同体。那么，通过何种方式引导大学教师走向关系存在，回归群体生活，走向共同体呢？教育作为大学教师精神生活的重要维度，无疑是一种有效的方式。在丰富多彩的教育活动中，大学教师能学会交往、学会言说、学会行动，能够培育大学教师的公共理性，丰富大学教师的类特性，进而将大学教师逐步带入公共领域，养育大学教师的公共精神世界。

（一）引导大学教师平等地交往

交往是联系大学教师的媒介。教育作为促进大学教师发展的一种方式，蕴含着人与人之间的社会交往关系，其是沟通主体间活动的良好方式。教育通过将大学教师引入现实世界为大学教师提供了良好的交往平台。大学教师是社会性的动物，需要交往体现自我的类特性，获得存在的价值与意义。正如尼布尔所讲："人性中并不缺少某种解决人类社会问题的能力，人的本性使人生来就具有一种使人与其同伴相处的天然联系；甚至在人与他人相冲突时，人的自然的本能冲动会使人去考虑他人的需要。"❷ 因此，大学教师之间的交往乃人之本性需求，只有通过交往，大学教师的人性才会逐渐完满起来。基于此，教育要为大学教师提供广阔的交往空间，以现实的客观世界为媒介，通过多种方式将大学教师联系起来，以促进大学教师之间平等地交往。

1. 体现大学教师的个体价值诉求，实现大学教师与他人平等地交往

个体的价值诉求反映了社会现实的需求。构成社会事实的基本特性在个体的心灵中表现为萌芽状态。但是，"只有当这些基本特性经过交往的改造

---

❶ 金生鈜. 规训与教化[M]. 北京：教育科学出版社，2004：115.
❷ 莱茵霍尔德·尼布尔. 道德的人与不道德的社会[M]. 蒋庆，等译. 贵阳：贵州人民出版社，1998：2.

后,社会事实才会从它们当中产生出来,因为只有在那时社会事实才出现。"❶ 因此,通过交往,能够反映社会事实,展现个体的价值诉求,这有利于大学教师与他人进行平等地交往。多元的交往是有差异的,不同的价值相关者在追求服务于自我价值诉求的交往方式。这种交往方式反映了现实的或理想的、持久的或短暂的、有意识的或无意识的、一时兴起的或受目的驱使的价值维度。那么,教育怎样厘顺不同价值相关者价值诉求的差异,实现差异中的求同呢?这需要在平等的基础上进行协商,必须尊重大学教师个体的差异、群体的殊异,满足大学教师合理的个体价值诉求,引导大学教师在体现自我价值诉求的过程中,实现主体间平等地交往,最终促成大学教师个体价值与社会现实的有机统一。

2. 制造适当的冲突,促进大学教师与他人平等地交往

在与人交往中,文化的差异和价值取向的殊异,必然会使大学教师内心产生冲突。冲突是互动的一种形式,它发生的地点、时间和强度等可以是不同的。"冲突是一种社会过程,对于社会结构的形成、统一和维持来说,它可以充当一种手段。冲突能够使群体内部和外部界限得以建立和维持。"❷ 冲突具有加强对他人、对群体认同的积极功能。所以,在教育中要发挥冲突的积极功能,在尊重差异的前提下,将冲突作为巩固大学教师身份的手段,作为引导大学教师确立群体价值的媒介。在冲突中,推动大学教师平等地交往,实现大学教师自我价值的确认,促进大学教师对群体价值的认同,最终实现大学教师与群体的有机融合。与此同时,教育者必须清醒地认识到,大学教师间的冲突必须是合理的、有限度的。在合理的限度内,针对教育活动中大学教师与他人的冲突,教育者要在平等的前提下因势利导,从而引导大学教师朝积极、健康、优秀的方向发展。

3. 引导大学教师趋向社会性存在,强化大学教师与他人平等地交往

如何发掘大学教师的生命力,引导其由自然存在走向社会存在?教育作

---

❶ 布劳.社会生活中的交换与权力[M].李国武,译.北京:商务印书馆,2008:46.
❷ 玛格丽特·波洛玛.当代社会学理论[M].孙立平,译.北京:华夏出版社,1989:80.

为促进人类发展的一种重要活动,无疑是大学教师走向社会存在的有效媒介。通过现实的教育活动与他者积极交往,大学教师能够逐步感受到自我存在的社会价值与意义。大学教师的社会性发展取决于与他直接和间接交往的其他一切人的发展,因而,处于发展状态的大学教师,在与他人交往的过程中能够丰富自我的社会性。大学教师的社会性是由大学教师在其中进行活动的社会关系所创造出来的,因此,在教育中,通过交往,大学教师不仅可以获得知识,获得人生经验,而且会与他者的精神发生碰撞,大学教师的社会性在这种相互作用中必将获得变革和生长。这种精神的相互作用不仅仅是大学教师某些特定的活动,也不是某种特定的环境中的交往,而是教育本身的性质,是教育内在教化价值的体现。

  人生活在社会中,而且实质上,人的全部生活就是他与其他人结成的交往关系。单个人将无法获得自我存在的价值与意义,他必须与他者沟通,获得自我生活领域的拓展,获得自我精神成长的空间。海德格尔曾说:"人的世界是共同世界,人在世界中就是与他人共同存在。"[1]孤独的个体将无法存在,只有与他者交往,个体才可能获得自我存在的意义。因此,教育不是单独的大学教师的活动,它是由大学教师间的互动构成的交往活动。在教育活动中,通过良好交往关系的建构,可以丰富大学教师的精神生活世界以及启蒙大学教师的公共精神。但是,我们在强调交往积极意义的同时,必须明确交往不是随意的行为,它需要正确地引导,适度地开展。亚里士多德认为:"在生活中也有休息,在这时可以消闲和娱乐。在交往中似乎也存在着分寸,应该说什么,不应该说什么,应该以什么方式说,不应该以什么方式说,怎样听也是这样。对什么人说以及由什么人听,是有区别的。在这里清楚地表明也存在着过度、不及和中间。"[2]的确,交往不是任意而为的,它是一门艺术,它需要教育的导引。所以,教育者要注重对大学教师进行适度地引导,从而使大学教师学会交往、乐于交往且善于交往。同时,教育者必须极力使大学教师在交往中逐渐明白,自我的德性、智慧以及精神品质都是通过与他人进

---

[1] 海德格尔.存在与时间[M].陈嘉映,等译.北京:生活·读书·新知三联书店,1987:146.
[2] 亚里士多德.尼各马科伦理学[M].苗力田,译.北京:中国人民大学出版社,2003:88-89.

行积极地交往而逐渐形成的。总之，在展现大学教师交往本性的教育活动中，能够建构大学教师间良好的交往关系，能够化育大学教师的公共精神，能够塑造大学教师良好的精神品性。

（二）鼓励大学教师自由地言说

精神并不是不可把握的东西。"精神即语言。言语首先言说于人心，继而振响于人的喉舌，然则此两者皆属本真进程的折射。因为，并非语言寓于人，而是人栖居于语言，人站在语言当中向外言说。每一言语皆是如此，每一精神皆是如此。"❶语言表达着精神，精神蕴含着语言，二者融为一体，实现了精神的传递。精神脱离不了语言，精神的语言性也说明精神是人与人之间沟通的桥梁。人获得语言、掌握语言、表达语言的过程可以说就是自我精神成长的过程。因此，在教育实施的过程中，要为大学教师提供良好的言说环境，引导大学教师在教育活动中自由地言说。在自由言说的过程中，大学教师的思想将获得表达，其思维将获得磨砺，其心性将获得陶冶，这有助于培育大学教师精神的自主性，有助于化育大学教师的公共精神。

1. 在言说中提升大学教师的表达能力和谈话艺术

言说是大学教师必须具备的重要能力，是展现大学教师心灵的方式。言说充实大学教师的心灵，赋予大学教师存在的意义。所以，教育要引导大学教师自由地言说，以展现大学教师的心灵世界，进而丰富大学教师的精神生活。教育中的言说是真诚的，自由的。自由地言说不是胡言乱语，而是在恪守一定的承诺，遵守一定的规则以及履行一定的义务的前提下进行的自主的、协商的、多元的言说。因此，在教育中，教育者要引导大学教师通过活动，学会自由地发表对一件事情的看法，同时，鼓励大学教师自由地辩论，以培育他们的言说能力。教育者在鼓励大学教师自由言说的过程中，不要流于形式，要多观察大学教师的姿态，多听取大学教师的心声，不用固定的模式进行判断，不强迫大学教师的价值认同。教育者要保护好大学教师最初的纯真

---

❶ 马丁·布伯.我与你［M］.陈维纲，译.北京：生活·读书·新知三联书店，1986：57.

的思想，而不是压制他们纯真的心，更不能把言说歪曲成奉承、谄媚和虚夸，进而建构大学教师的人际关系，表达大学教师的内在思想，提升大学教师的表达能力和谈话艺术。

2. 在言说中呈现大学教师间的对话关系

对话是大学教师良好的言说方式。教育者在教育过程中要注重通过组织活动，为大学教师营造平等的对话平台。在对话中引导大学教师进行智慧的探险。因此，对话不仅形成了大学教师与他人交互性的关系，而且使经验转变成大学教师个人的认识，使大学教师的精神受到对话的启迪和引导。"对话的唯一目标便是对真理的本然之思。其过程首先是解放被理性限定的但有着无限发展的和终极状况的自明性，然后是对纯理智判断力的怀疑，最后则是通过构造完备的高层次的智慧所把握的绝对真实，以整个身心去体认和接受真理的内核和指引。"❶ 因此，教育者在教育历程中必须着眼于提高大学教师的表达能力和谈话艺术，引导大学教师恰当地表达自我的观点，捍卫自我的权利，履行自我的义务以及执着地追寻永恒的真理。如果大学教师最终成为那种封闭在自己的心中的个人，那么，大学教师将无法主动地参与教育对话。他们将宁愿享受自我生活的满足。大学教师的同一性是在与他者的对话中，是在与他者对自我认同的一致或斗争中形成的。因而，在教育活动中，教育者应当积极营造良好的对话氛围，赋予大学教师更多的对话机会，鼓励大学教师自由地对话，友好而富有想象的对话势必能够激发大学教师思想的活力，促进大学教师的心智健全发展。

3. 在言说中建构大学教师间的道德伦理关系

"语言被看作是一个系统，这一系统参与交往，语言中不同的人称可以表示不同的视野，表示主体对世界和对交往的不同观点和所采取的不同角色。这样，人们之间的关系，他们之间的道德伦理关系就被迻译为语言关系……"❷ 言说体现人潜在的道德需要。言说的态度、方式以及意图体现人的道德性。

---

❶ 雅斯贝尔斯.什么是教育[M].邹进，译.北京：生活·读书·新知三联书店，1991：11.

❷ 薛华.哈贝马斯的商谈伦理学[M].沈阳：辽宁教育出版社，1988：146.

因此，在教育中，要鼓励大学教师自由地言说，引导大学教师通过言说表达自我的意向世界，反映自我的经验世界以及体现自我的道德性。但是，大学教师所言说的必然是可接受的、与规范相联的事实。真实性、真诚性和正确性要求大学教师深入现实，而不是停留在空泛的话语规则中。基于此，大学教师通过教育活动中的自由言说，能够不断地整合、生成以及重构自我的心理，实现外在世界、自我的内在世界以及与他者共享的社会生活世界的完美契合，这一动态的历程反映了大学教师内在道德的建构状况。大学教师内在道德的建构，即是个体间共谋，各种力量的控制与反控制以及对抗与冲突相互博弈的过程。因此，通过教育活动中的自由言说，能够展现大学教师理智的真诚，建构大学教师间良好的道德伦理关系。

精神开端于言说，同样，精神的继承、发展和传承也在于言说。言说的存在使传统在人与人之间、代与代之间存在互动，每一代人都生活在言说状态的传统中。言说作为大学教师存在的方式，联结着大学教师与他人。在彼此言说的过程中，大学教师与他人交流思想，传递能量，更新观念。大学教师需要通过言说接受语言传统以及文化传统，这是大学教师展示自我、充实自我以及实现个体精神趋向公共精神的历程。言说将为涵养大学教师的公共精神提供广阔的空间。阿伦特认为："没有一个展示的空间，不相信言行是一种共同存在的模式，就不能毫不犹豫地建立一个人自身的现实性、自身的身份以及周围世界的现实性。"[1] 假如在教育活动中，如果没有大学教师间某种形式的言说，没有大学教师间表达思想的时空，没有大学教师间言行的一致，那么，就没有精神的传承，就不能凸显大学教师的现实存在，就不能实现大学教师与世界的融合。因而，在当前的教育中，教育者要通过多样的活动，为大学教师的言说留足空间，为大学教师的言说开辟路径，为大学教师的言说提供舞台，这有助于大学教师拓展自我、更新自我以及超越自我，有助于将大学教师逐步地引向公共生活，有助于大学教师渐渐地养育自我的公共精神。

---

[1] 汉娜·阿伦特.人的条件[M].竺乾威,等译.上海：上海人民出版社,1999：207.

（三）引领大学教师理智地行动

行动不是鲁莽，而是反思性、政治性以及理智性的活动。行动作为沟通大学教师与客观世界的方式，能够引导大学教师在适应客观世界的过程中逐步趋向行动的人生。行动不是刻板的行为，它蕴含着人生的意义。因而，只有当行动不是被动地而是一种自觉地展现精神的举动，也就是说，只有当它与人生意义不分离的时候，行动才是人类的行动。平等地交往、自由地言说将融合于理智地行动中，这既是塑造大学教师公共精神的归宿，又是化育大学教师公共精神的起点。因而，在教育活动中，教育者要引导大学教师在活动中，通过理智地行动，更好地融入公共生活，从而化育自我的公共理性，丰富自我的公共精神生活。

1. 帮助大学教师感悟民主生活的意义

杜威认为："在行动中由于生活情况的改变，维持民主主义的问题变成新的问题，从而加在学校上，加在教育制度上的责任不是仅仅陈述这个国家的开创者的种植观念、希望和意向等，而是要教导青年，使其知道什么是一个民主社会在目前情况下的意义。"[1]因此，在教育中必须融入民主的生活，在民主的行动中，给予大学教师感悟民主生活的机会，培植大学教师民主的情感，引导大学教师领会民主的内涵，进而启蒙大学教师的权力意识，培育大学教师的自我选择能力，引导大学教师学会运用属于自我的正当权力，以维护自我的合理利益。教育必须给予大学教师充分的行动空间，引导他们理智地行动。在理智地行动中，帮助大学教师树立权责意识，帮助大学教师确立民主观念，帮助大学教师理解公民角色。同时，教育者也要使大学教师明白，行动不要仅仅为了自我的私人利益，也要为了那些在未来政治生活中等待他们履行的社会义务和权利。因而，对于教育而言，除了维护大学教师个体存在的空间之外，还要培植大学教师对于社会的义务和责任的信念，使他们明确自我作为未来公民的角色，这样才有利于大学教师理智地行动，进而逐渐趋向于公共生活领域。

---

[1] 杜威. 人的问题[M]. 傅统先, 等译. 上海：上海人民出版社, 2006: 30.

2. 鼓励大学教师与他人进行民主地协商

大学教师与他人相互依存、相互支撑以及相互建构。在大学教师对象化的过程中，大学教师趋向行动的生活。大学教师只有积极地与他人进行民主地协商，才能领会人类的道德准则，才能做出正确的抉择，才能体现行动的人生。因此，教育通过将大学教师引入多维的行动领域，能够为大学教师提供民主协商的机会。在行动过程中，引导大学教师与他人平等地接触、自由地交流以及民主地协商，可以强化大学教师间的凝结和团结。大学教师之间的这种团结是内在精神的需要，受潜在力量的导引和受群体精神的鼓舞。行动中大学教师间民主地协商不仅可以陶冶大学教师的情操，而且能够帮助大学教师感悟群体的温暖，其能够为大学教师更好地走向未来广阔的行动生活做好情感上的积淀，能够导引大学教师趋向自我快乐与幸福的人生。因而，在教育历程中，教育者必须尊重大学教师协商的权力，赋予大学教师协商的自由，并且引导大学教师与他人进行民主地协商，同时，也要为大学教师间的民主协商提供足够的时间以及广阔的空间，从而拓展行动的意涵，将大学教师带入行动的生活。

3. 积极为大学教师创设公共的生活

阿伦特认为："所有人类的活动都取决于这一事实，即人是生活在一起的。"❶那么，教育作为大学教师的一种生活方式，可以将大学教师很好地融合到一起。在教育中，大学教师通过积极地行动，将与他人、他物共同生活在一个公共世界里。公共世界能够为大学教师参与公共生活，获得公共生活提供良好的平台，使大学教师的行动建立在自我的努力中，使大学教师为了公共生活而建立起一种公共的生活秩序。因此，大学教师理智的行动是大学教师趋向公共生活的一种表现，同时，也是公共生活本身赋予大学教师的人性，这可以说是公共生活本身蕴含的教化之义。公共生活是大学教师精神生活的重要方面，缺失公共生活的个体将无从获得存在的意义。公共生活的获得能够丰富大学教师的人性，开拓大学教师的精神生活领域，因此，当前

---

❶ 汉娜·阿伦特.人的条件[M].竺乾威，等译.上海：上海人民出版社，1999：18.

的教育必须为大学教师创造广阔的公共生活空间，为大学教师创设感悟公共生活的情景。在共同的行动中，引导大学教师协调自我与群体的价值取向，培育大学教师的义务感、责任感以及权利感，使大学教师渐渐地体会自我的责任，形成自我的判断，确立自我的信仰，在不断地追寻中，帮助大学教师构筑自我的公共生活世界。只有这样，才能在教育活动中启蒙大学教师趋向公共生活的意识，培育大学教师走向公共生活的信念，进而逐步涵养大学教师的公共精神。

为了培育大学教师的公共精神，教育者应当将大学教师带入行动领域，在行动过程中，引导大学教师学会合作、学会关心、学会与他人一起生活，从而提高大学教师趋向公共生活的品质，最终实现大学教师个体生活与公共生活的融合。这种公共精神的化育可以启蒙大学教师的平等意识、丰富大学教师的道德情感以及确立大学教师的自由信念，进而为大学教师趋向一个好公民做好精神上的开启。正如罗尔斯所讲："没有这些较广泛的情感，人们就会变得疏远，孤独地待在他们的小社团中，情感的纽结不能超出家庭或狭小的朋友圈子之外。公民不再相互认为是可以提出某种公共善的事业来进行合作的同伴，相反，是互相把对方看成敌手，是实现自己目标的障碍。"❶因此，公共精神可以增强大学教师的自我价值感，提高大学教师的道德敏感性，提升大学教师的义务感和责任感。所以，教育必须发挥自身潜在的功能，在行动领域为大学教师创设行动的情境，将交往与言说融合于大学教师的行动中，以丰富大学教师的公共情感，涵养大学教师的公共精神，使大学教师趋向于广阔的行动领域并逐渐地成长为人格健全、德性完满以及人性饱满的人，这是大学教师的精神自由成长的渴望，这是教育真谛的显现。

---

❶ 罗尔斯.正义论[M].何怀宏,何包钢,廖申白,译.北京:中国社会科学出版社,1988:224.

结语：共筑大学教师的精神家园

生存并不是活着，活着也不等于生存。生存不能被片面地解释为活着。人的存在远不如做人重要。做人，即成为人，即立身处世，是一种行动，而不是一个物品，它的重要特征是如何对待存在，而不是存在。做人就是使存在人化，借此，人超越了纯粹的存在。人之为人在于人的精神，人无精神则不能真正地称为人，无精神则人不立，若精神不存在人也就走向消亡。人不是简单的存在，人要生存，生存问题就涉及生活理想、生活态度、生活方式。人如何对待生存，则是一种重要的态度。

大学教师要有理想信念。陶行知先生说，教师是"千教万教，教人求真"，学生是"千学万学，学做真人"。教师肩负着培养下一代的重要责任。正确理想信念是教书育人、播种未来的指路明灯。不能想象一个没有正确理想信念的人能够成为好教师。唐代韩愈说："师者，所以传道授业解惑也。""传道"是第一位的。一个教师，如果只知道"授业""解惑"而不"传道"，不能说这个教师是完全称职的，充其量只能是"经师""句读之师"，而非"人师"。古人云："经师易求，人师难得。"一个优秀的教师，应该是"经师"和"人师"的统一，既要精于"授业""解惑"，更要以"传道"为责任和使命。好教师心中要有国家和民族，要明确意识到肩负的国家使命和社会责任。

大学教师要有道德情操。大学教师的人格力量和人格魅力是成功教育的重要条件。"师也者，教之以事而喻诸德者也。"教师对学生的影响，离不开教师的学识和能力，更离不开教师为人处世、于国于民、于公于私所持的价值观。一个教师如果在是非、曲直、善恶、义利、得失等方面老出问题，怎么能担起立德树人的责任？广大教师必须率先垂范、以身作则，引导和帮助学生把握好人生方向，特别是引导和帮助青少年学生扣好人生的第一粒扣子。"师者，人之模范也。"教师的职业特性决定了教师必须是道德高尚的人群。合格的大学教师首先应该是道德上的合格者。大学教师要成为以德施教、以德立身的楷模。师者为师亦为范，学高为师，德高为范。教师是学生道德修养的镜子。大学教师应该取法乎上、见贤思齐，不断提高道德修养，提升人格品质，并把正确的道德观传授给学生。师德是深厚的知识修养和文化品位的体现。师德需要教育培养，更需要教师自我修养。做一个高尚的人、纯粹的人、脱离了低级趣味的人，应该是每一个教师的不懈追求和行为常态。大学教师要有"捧着一颗心来，不带半根草去"的奉献精神，自觉坚守精神家园、恪守人格底线，带头弘扬社会主义道德和中华传统美德，以自己的模范行为影响和带动学生。

大学教师要心怀敬重。在内心中怀揣对至善、对自然正当的敬重。只有敬重才能用虔诚的心去对待、去超越，并致力于不懈的追寻中，这样才能克服现代生活的危机，去追寻应然的生活状态。敬重而不是快乐或对幸福的享受，才是某种不可能有任何先行的情感为之给理性提供根据的东西（因为这种情感永远都会是感性的和病理学上的）。它作为通过法则对意志直接强迫的意识，与愉快的情感几乎没有类比性，因为这种意识在与欲求能力的关系中恰好造成同样的东西，却是出自另外的来源；但我们唯有通过这种表象方式才能达到我们所寻求的东西，即行动不仅仅是合乎义务（依照快适情感）地发生，而且是出自义务而发生的，这必须是一切道德教养的真正目的。

大学教师要坚守自律。大学师德建设要培养大学教师的自律，塑造大学教师坚强的意志是非常重要的。意志自律是一切道德律和与之相符合的义务的唯一原则；反之，一切他律不仅根本不建立任何责任，而且反倒与责任的原则和意志的德性相对立。自律才能够克服欲望的侵袭，坚守自我的道德律，在自律中确立自我生活的航标，做纯粹的自我和真实的自我。只有自律才能很好地去履行大学教师的义务和职责，在践行自我义务与责任的同时，获得生活的意义，克服生活的危机。只有在恪守道德律的过程中，敬重的心灵才会获得真正的自由，不为外物所累，恪守道德准则，使内心宁静，战胜不良的心理，获得生命的意义，在自我的同一中追寻自我的良善生活，实现人生境界的提升。

大学教师要有天下为公的使命感。大学教师要有实现中华民族伟大复兴的责任与担当。大学教师要以世界眼光、全球视野审视时代问题，要超越世俗的藩篱，放眼宽广的未来。大学教师要志存高远，要有自我的人格尊严，不追逐权势、金钱和虚名，不趋炎附势。大学教师要展现内在的道德力量、心灵力量以及精神力量；要赞美当前的快乐，否定自我的名望；要拥有一些对自我或他人有用的或令自我或他人感到愉悦的德性品质。总之，大学教师要自觉加强自我道德建设，坚持教书和育人相统一，坚持言传和身教相统一，坚持潜心问道和关注社会相统一，坚持学术自由和学术规范相统一，坚持以德立身、以德立学、以德施教。

大学教师要执着于教书育人。大学教师的道德情操最终要体现在对所从事职业的忠诚和热爱上。生活的本意在于创造幸福感。无论是去活、去死，去谋利益还是去牺牲，都是因为我们觉得这样做比不这样做更有意义，许多人都抛弃了一些快乐，但没有一个人愿意牺牲幸福，因为这会使自己的生活变得毫无意义。一个人如果为了幸福而放弃许多快乐，他一定不会觉得自己很不幸，如果一个人放弃种种快乐而觉得不幸，那么其原因不是失掉快乐而是没有获得幸福。不存在高于幸福的行为借口。❶良善生活是快乐的，伊壁鸠鲁告诫人们应该正大光明、谨慎、快乐地活着。他认为，一个人要正确地对待死，解除对死亡的恐惧，就能够快乐地活着。伊壁鸠鲁反复强调，他的快乐主义不是享乐主义："当我们说快乐是最终目的的时候，我们并不是指某些人所想的放荡的快乐或肉体享受的快乐，这些人或者不知道，或者是曲解我们的意思，我们所谓的快乐是指身体的无痛苦和心灵的无纷扰。""谁将其青春消耗在高级食物、酒色肉林之上，谁就忘记他正像一个在夏天穿破一件外衣的人。"换句话说，他这个人已经霉烂透顶了。❷要像圣人或智人那样，

---

❶ 赵汀阳.论可能生活[M].北京：生活·读书·新知三联书店，1994：20.
❷ 毕治国.死亡哲学[M].哈尔滨：黑龙江人民出版社，1989：54.

对现实泰然处之，保持恬静的态度，既不厌恶生存，也不恐惧死亡；既不把活着看成好事，也不把死亡看作坏事，选择精美的、最有意义的人生。大学教师要志存高远，要信念坚定，要着眼未来，在平凡的工作中成就不平凡的业绩。

有两样东西，人们越是经常持久地对之凝神思索，它们就越是使内心充满常新而日增的惊奇和敬畏：我头上的星空和心中的道德律。❶面对现代生活的隐忧，教育的任务是艰巨而神圣的，作为大学教师，必须怀揣梦想，不能被世俗掩埋，要锻造高尚的师德，要奏响时代的乐章，要完成历史赋予的使命，这是大学教师的本真体现！这是教育善的追求！

---

❶ 康德.实践理性批判［M］.邓晓芒,译.北京：人民出版社,2003：160.

参考文献

国内：

[1] 邹憬. 论语译注［M］. 上海：上海三联书店，2012.

[2] 樊东. 大学•中庸译注［M］. 上海：上海三联书店，2013.

[3] 贾德永. 礼记•孝经译注［M］. 上海：上海三联书店，2013.

[4] 王刚. 孟子译注［M］. 上海：上海三联书店，2013.

[5] 贾德永. 老子译注［M］. 上海：上海三联书店，2013.

[6] 李欣. 庄子译注［M］. 上海：上海三联书店，2013.

[7] 张汝伦. 二十世纪德国哲学［M］. 北京：人民出版社，2008.

[8] 吴式颖. 外国教育思想通史（第九卷）［M］. 长沙：湖南教育出版社，2002.

[9] 郭为潘. 转变中的大学［M］. 北京：北京大学出版社，2006.

[10] 潘懋元. 潘懋元高等教育思想文集［M］. 北京：新华出版社，1991.

[11] 张斌贤，刘慧珍. 西方高等教育哲学［M］. 北京：北京师范大学出版社，2007.

[12] 高平叔. 蔡元培全集（第3卷）［M］. 北京：中华书局，1984.

[13] 周少南. 斯坦福大学［M］. 长沙：湖南教育出版社，1991.

[14] 林崇德. 师德通览［M］. 山东：山东教育出版社，2000.

[15] 鲁洁，王逢贤. 德育新论［M］. 南京：江苏教育出版社，1998.

[16] 叶澜. 教师角色与教师发展探析［M］. 北京：教育科学出版社，2001.

[17] 戚万学. 冲突与整合——20世纪西方道德教育理论［M］. 济南：山东教育出版社，1995.

[18] 戚万学.道德教育新视野［M］.济南：山东教育出版社，2004.

[19] 檀传宝.走向新师德［M］.北京：北京师范大学出版社，2009.

[20] 檀传宝.学校道德教育原理［M］.北京：教育科学出版社，2000.

[21] 易连云.重建学校精神家园［M］.北京：教育科学出版社，2003.

[22] 任顺元.师德概论［M］.3版.浙江：浙江大学出版社，2005.

[23] 杜时忠.新世纪 新师德［M］.武汉：湖北教育出版社，2009.

[24] 王荣德.教师道德教育论［M］.北京：科学出版社，2004.

[25] 教育部人事司组.高等学校教师职业道德修养［M］.北京：北京师范大学出版社，2000.

[26] 教育部师范教育司.教师专业化的理论与实践［M］.北京：人民教育出版社，2003.

[27] 赵宏义.当代教师职业道德［M］.北京：中央广播电视大学出版社，2004.

[28] 马慧婷.新时期师德建设研究［M］.武汉：华中科技大学出版社，2014.

[29] 徐志新.教师素养论［M］.合肥：安徽人民出版社，1999.

[30] 安云凤.高校师德论［M］.北京：中央编译出版社，2007.

[31] 沈红宇.高等教师职业道德建设概论［M］.哈尔滨：哈尔滨工程大学出版社，2007.

[32] 李春秋.教师伦理学概论［M］.北京：北京师范大学出版社，1995.

[33] 钱焕琦.教师职业道德［M］.上海：华东师范大学出版社，2008.

[34] 刘向信.高校和谐校园建设的理论与实践［M］.北京：人民出版社，2006.

[35] 陈宁.师德建设：多视角的分析与建构［M］.北京：首都师范大学出版社，2008.

[36] 张炳生，等.教师职业道德新论［M］.南京：河海大学出版社，2000.

[37] 卫荣凡.高校教师师德自律论［M］.北京：中国社会科学出版社，2008.

[38] 于光远.教师素养新论［M］.兰州：兰州大学出版社，2001.

[39] 李春玲.教师职业道德［M］.北京：人民文学出版社，2005.

[40] 陈静.教师道德建设［M］.武汉：华中师范大学出版社，2006.

[41] 申继亮.师德心语：教师发展之魂［M］.北京：北京师范大学出版社，2006.

[42] 闫小柳，赵忠义.师德修养概论［M］.北京：北京师范大学出版社，2008.

[43] 傅维利.师德读本［M］.北京：高等教育出版社，2003.

[44] 王忠桥.教师道德教程［M］.北京：教育科学出版社，1999.

[45] 李建华.高等学校教师职业道德修养［M］.长沙：湖南大学出版社，2005.

[46] 杨春茂.师德修养十讲［M］.北京：北京大学出版社，1999.

[47] 王荣德.教师道德教育论［M］.北京：科学出版社，2004.

[48] 张焕廷.西方资产阶级教育论选著［M］.北京：人民教育出版社，1979.

[49] 王小锡，华桂宏，郭建新.道德资本论［M］.北京：人民出版社，2005.

[50] 单中惠.西方教育思想史［M］.太原：山西人民出版社，1996.

[51] 陈孝彬.教育管理学［M］.北京：北京师范大学出版社，1999.

国外：

[52] 柏拉图.理想国［M］.郭斌和，张竹明，译.北京：商务印书馆，1986.

[53] 亚里士多德.尼各马可伦理学［M］.苗力田，译.北京：中国人民大学出版社，2003.

[54] 亚里士多德.政治学［M］.颜一，秦典华，译.北京：中国人民大学出版社，2003.

[55] 恩格斯.自然辩证法［M］.中共中央马克思恩格斯列宁斯大林著作

编译局,译.北京:人民出版社,1971.

[56] 杜威.民主主义与教育[M].王承绪,译.北京:人民教育出版社,1990.

[57] 麦金太尔.德性之后[M].龚群,译.北京:中国社会科学出版社,1995.

[58] 科尔伯格.道德教育的哲学[M].魏贤超,译.杭州:浙江教育出版社,2000.

[59] 杜威.道德教育原理[M].王承绪,译.杭州:浙江教育出版社,2003.

[60] 纽曼.大学的理想[M].徐辉,等译.杭州:浙江教育出版社,2001.

[61] 奥尔特加·加塞特.大学的使命[M].徐小洲,等译.杭州:浙江教育出版社,2001.

[62] 别尔嘉耶夫.自我认知[M].汪剑钊,译.上海:上海人民出版社,2007.

[63] 别尔嘉耶夫.论人的使命:悖论伦理学体验[M].张百春,译.上海:学林出版社,2000.

[64] 查尔斯·泰勒.自我的根源:现代认同形成[M].韩震,等译.南京:译林出版社,2001.

[65] 狄尔泰.艾彦.历史中的意义[M].逸飞,译.北京:中国城市出版社,2001.

[66] 赫钦斯.美国高等教育[M].汪利兵,译.杭州:浙江教育出版社,2001.

[67] 蒂里希.存在的勇气[M].成穷,等译.贵阳:贵州人民出版社,2007.

[68] 杜威.我们怎样思维·经验与教育[M].姜文闵,译.北京:人民教育出版社,2004.

[69] 杜威.杜威教育名篇[M].赵祥麟,等编译.北京:教育科学出版社,2006.

[70] 弗莱克斯纳.现代大学论——英美德大学研究[M].徐辉,陈晓菲,译.杭州:浙江教育出版社,2001.

[71] 罗西瑙.没有政府的治理[M].张胜军,等译.南昌:江西人民出版社,2001.

[72] 雅斯贝尔斯.什么是教育[M].邹进,译.北京:生活·读书·新知三联书店,1991.

[73] 博克.走出象牙塔[M].徐小洲,陈军,译.杭州:浙江教育出版社,2001.

[74] 哈耶克.自由宪章[M].杨玉生,等译.北京:中国社会科学出版社,1999.

[75] 墨菲,布鲁克纳.芝加哥大学的理念[M].彭阳辉,译.上海:上海人民出版社,2007.

[76] 范德格拉夫,等.学术权力[M].王承绪,等译.杭州:浙江教育出版社,2001.

[77] 康德.论教育学[M].赵鹏,何兆武,译.上海:上海人民出版社,2005.

[78] 布鲁贝克.高等教育哲学[M].王承绪,等译.杭州:浙江教育出版社,2001.

[79] 马克斯·韦伯.学术与政治[M].冯克利,译.北京:生活·读书·新知三联书店,1998.

[80] 阿尔弗雷德·阿德勒.自卑与超越[M].陈太胜,等译.北京:作家出版社,1986.

[81] 埃里克·尤斯拉纳.信任的道德基础[M].张敦敏,译.北京:中国社会科学出版社,2006.

[82] 埃里希·弗罗姆.寻找自我[M].陈学明,译.北京:工人出版社,1988.

[83] 埃里希·弗洛姆.自为的人:伦理学的心理学探究[M].万俊人,译.北京:国际文化出版公司,1988.

[84] 埃里希·弗洛姆.对自由的恐惧[M].许合平,等译.北京:国际文化出版公司,1988.

[85] 爱弥尔·涂尔干.道德教育[M].陈光金,等译.上海:上海人民出版社,2001.

[86] 爱弥尔·涂尔干.职业伦理与公民道德[M].渠东,等译.上海:上海人民出版社,2000.

[87] 艾温·辛格.我们的迷惘[M].郜元宝,译.桂林:广西师范大学出版社,2001.

[88] 卢梭.社会契约论[M].何兆武,译.北京:商务印书馆,2006.

[89] 安东尼·吉登斯.现代性的后果[M].田禾,译.南京:译林出版社,2000.

[90] 罗尔斯.正义论[M].何怀宏,等译.北京:中国社会科学出版社,1988.

[91] 康德.道德形而上学原理[M].苗力田,译.上海:上海人民出版社,2002.

[92] 伯特兰·罗素.教育论[M].靳建国,译.北京:东方出版社,1990.

[93] 尼布尔.道德的人与不道德的社会[M].蒋庆,译.贵阳:贵州人民出版社,2009.

[94] 马克斯·韦伯.经济与社会[M].杭聪,编译.北京:北京出版社,2008.

[95] 福山.大分裂:人类本性与社会秩序的重构[M].刘榜离,译.北京:中国社会科学出版社,2002.

[96] 海斯汀·拉斯达尔.中世纪的欧洲大学——博雅教育的兴起(第三卷)[M].邓磊,译.重庆:重庆大学出版社,2011.

[97] 希尔德·德·里德-西蒙斯.欧洲大学史(第二卷)[M].贺国庆,等译.保定:河北大学出版社,2007.

[98] 康德.论教育学[M].赵鹏,等译.上海:上海人民出版社,2005.

[99] 科耶夫.黑格尔导读［M］.姜志辉,译.南京:译林出版社,2005.

[100] 杜威.经验与自然［M］.傅统先,译.南京:江苏教育出版社,2005.

[101] 杜威.确定性的寻求［M］.傅统先,译.上海:上海人民出版社,2005.

[102] 奥伊肯.生活的意义与价值［M］.万以,译.上海:上海译文出版社,2005.

[103] 乔治·摩尔.伦理学原理［M］.长河,译.上海:上海人民出版社,2005.

[104] 齐格蒙·鲍曼.寻找政治［M］.洪涛,周顺,郭台辉,译.上海:上海人民出版社,2006.

[105] 杜威.人的问题［M］.傅统先,等译.上海:上海人民出版社,2006.

[106] 兰德曼.哲学人类学［M］.阎嘉,译.贵阳:贵州人民出版社,2006.

[107] 列维纳斯.从存在到存在者[M].吴蕙仪,译.南京:江苏教育出版社,2006.

[108] 亚里士多德.形而上学［M］.吴寿彭,译.北京:商务印书馆,2007.

[109] 黑格尔.法哲学原理［M］.范扬,张企泰,译.北京:商务印书馆,2007.

[110] 科恩.论民主［M］.聂崇信,朱秀贤,译.北京:商务印书馆,2007.

[111] 霍尔巴赫.自然的体系［M］.管士滨,译.北京:商务印书馆,2007.

[112] 皮亚杰.结构主义［M］.倪连生,王琳,译.北京:商务印书馆,2007.

[113] 穆勒.功利主义［M］.徐大建,译.上海:上海人民出版社,2007.

[114] 维柯. 论人文教育［M］. 王楠, 译. 上海: 上海三联书店, 2007.

[115] 萨特. 存在与虚无［M］. 陈宣良, 等译. 北京: 生活·读书·新知三联书店, 2007.

[116] 阿兰·德波顿. 身份的焦虑［M］. 陈广兴, 南治国, 译. 上海: 上海译文出版社, 2007.

[117] 让·鲍德里亚. 消费社会［M］. 刘成富, 全志钢, 译. 南京: 南京大学出版社, 2008.

[118] 奥勒留. 沉思录［M］. 何怀宏, 译. 北京: 生活·读书·新知三联书店, 2008.

[119] 查尔斯·蒂利. 身份、边界与社会联系［M］. 谢岳, 译. 上海: 上海人民出版社, 2008.

[120] 海德格尔. 路标［M］. 孙周兴, 译. 北京: 商务印书馆, 2007.

[121] 赫舍尔. 人是谁［M］. 隗仁莲, 译. 贵阳: 贵州人民出版社, 1994.

[122] 杰罗姆·布鲁纳. 有意义的行为［M］. 魏志敏, 译. 长春: 吉林人民出版社, 2008.

[123] 卡尔·雅斯贝斯. 时代的精神状况［M］. 王德峰, 译. 上海: 上海译文出版社, 2005.

[124] 卡西尔. 人伦［M］. 甘阳, 译. 上海: 上海译文出版社, 1985.

[125] 康德. 道德形而上学［M］. 苗力田, 译. 上海: 上海人民出版社, 2005.

[126] 克拉克·克尔. 高等教育不能回避的历史［M］. 王承绪, 译. 杭州: 浙江教育出版社, 2001.

附　录

教育部关于印发《高等学校教师职业道德规范》的通知

各省、自治区、直辖市教育厅（教委）、教科文卫体（教育）工会，新疆生产建设兵团教育局、教育工会，有关部门（单位）教育司（局），教育部直属各高等学校：

为贯彻落实党的十七届六中全会精神，全面提高高校师德水平，教育部、中国教科文卫体工会全国委员会研究制定了《高等学校教师职业道德规范》（以下简称《规范》），现印发给你们，请结合实际认真贯彻执行。

教育规划纲要明确提出，要加强教师职业理想和职业道德建设，增强广大教师教书育人的责任感和使命感。制定并实施《规范》，对于加强和改进高校师德建设，引导广大教师自觉践行社会主义核心价值体系，加强自身修养，弘扬高尚师德，提高高等教育质量具有重要现实意义；对于深入开展社会主义荣辱观教育，全面加强学校德育体系建设，提高全民族文明素质也具有广泛的社会意义。

长期以来，广大高校教师自觉贯彻党的教育方针，学为人师、行为世范、默默耕耘、无私奉献，为我国教育事业发展和社会主义现代化建设做出了重要贡献，涌现出一大批优秀教师和先进模范人物，在他们身上集中体现了新时期人民教师的高尚师德，体现了教师职业的崇高和伟大，赢得了全社会广泛赞誉和普遍尊重。但也应该看到，在市场经济和开放的条件下，高校师德建设还存在一些亟待解决的突出问题。有的教师责任心不强，教书育人意识淡薄，缺乏爱心；有的学风浮躁，治学不够严谨，急功近利；有的要求不严，言行不够规范，不能为人师表；个别教师甚至师德失范、学术不端，严重损害人民教师的职业声誉。这些问题的存在，虽不是主流，但必须高度重视，采取切实措施加以解决。

《规范》是推动高校师德建设的指导性文件。当前和今后一段时期，要把学习贯彻《规范》作为加强高校师德建设的首要任务，与深入贯彻落实胡锦涛总书记在庆祝清华大学建校100周年大会上讲话精神结合起来，与深入贯彻落实教育规划纲要、全面提高高等教育质量的实践紧密结合起来，建立健全自律与他律并重的师德建设长效机制，引导广大教师切实肩负起"立德树人、教书育人"的光荣职责。

一要认真抓好《规范》学习宣传。各地各校要组织宣讲会、讨论会、座谈会等形式多样的学习活动，迅速掀起学习宣传、贯彻落实《规范》的热潮。充分利用报刊、电视、网络等各类媒体平台，大力宣传《规范》精神，努力营造重德养德的浓厚氛围。通过学习宣传活动，帮助广大教师全面理解《规范》的基本内容，准确把握《规范》倡导性要求和禁行性规定，使师德规范成为广大教师普遍认同和自觉践行的行为准则。

二要全面落实师德规范要求。各地各校要根据《规范》要求抓紧制订或修订本地本校的师德规范实施细则，进一步完善教育教学规范、学术研究规范、校外兼职兼薪规范等配套政策措施，将师德规范要求落实到教师日常管理之中。要大力营造尊师重教的良好环境，将教师权益保障与责任义务要求相结合，科学引导和规范教师言行。

三要切实加强师德教育。各地各校要将学习师德规范纳入教师培训计划，作为新教师岗前培训和教师在职培训的重要内容。积极探索典型宣传和警示教育相结合的有效形式，全面加强和改进师德教育。通过定期开展评选教书育人楷模和师德标兵等活动，大力宣传和表彰奖励优秀教师，激励广大教师自觉遵守师德规范，树立高校教师良好职业形象。

四要改进和完善师德考核。各地各校要将师德纳入教师考核评价体系，并作为教师绩效评价、聘任（聘用）和评优奖励的首要标准，严格执行"一票否决制"。完善师德考核办法，将《规范》作为师德考核的基本要求，结合教学科研日常管理和教师年度考核、聘期考核全面评价师德表现。建立健全师德考核档案。对师德表现突出的，要予以重点培养、表彰奖励；对师德表现不佳的，要及时劝诫、督促整改；对师德表现失范的，要依法依规严肃处理。

五要加强师德建设的组织领导。各地各校要紧密结合实际，制订本地本校贯彻实施《规范》的工作方案，提出落实的具体措施，精心实施，扎实推进，务求实效。要以实施《规范》为契机，及时总结交流好经验好做法，加快推进师德建设的改革创新。要紧密结合创先争优活动，充分发挥高校基层党组织的政治核心作用和广大党员教师的先锋模范作用，不断把师德建设工作引向深入。各地各高校学习宣传和贯彻落实《规范》情况要及时报送教育部和中国教科文卫体工会。

中华人民共和国教育部 中国教科文卫体工会全国委员会
二〇一一年十二月二十三日

高等学校教师职业道德规范

一、爱国守法。热爱祖国，热爱人民，拥护中国共产党领导，拥护中国特色社会主义制度。遵守宪法和法律法规，贯彻党和国家教育方针，依法履行教师职责，维护社会稳定和校园和谐。不得有损害国家利益和不利于学生健康成长的言行。

二、敬业爱生。忠诚人民教育事业，树立崇高职业理想，以人才培养、科学研究、社会服务和文化传承创新为己任。恪尽职守，甘于奉献。终身学习，刻苦钻研。真心关爱学生，严格要求学生，公正对待学生，做学生良师益友。不得损害学生和学校的合法权益。

三、教书育人。坚持育人为本，立德树人。遵循教育规律，实施素质教育。注重学思结合，知行合一，因材施教，不断提高教育质量。严慈相济，教学相长，诲人不倦。尊重学生个性，促进学生全面发展。不拒绝学生的合理要求。不得从事影响教育教学工作的兼职。

四、严谨治学。弘扬科学精神，勇于探索，追求真理，修正错误，精益求精。实事求是，发扬民主，团结合作，协同创新。秉持学术良知，恪守学术规范。尊重他人劳动和学术成果，维护学术自由和学术尊严。诚实守信，力戒浮躁。坚决抵制学术失范和学术不端行为。

五、服务社会。勇担社会责任，为国家富强、民族振兴和人类进步服务。传播优秀文化，普及科学知识。热心公益，服务大众。主动参与社会实践，自觉承担社会义务，积极提供专业服务。坚决反对滥用学术资源和学术影响。

六、为人师表。学为人师，行为世范。淡泊名利，志存高远。树立优良学风教风，以高尚师德、人格魅力和学识风范教育感染学生。模范遵守社会公德，维护社会正义，引领社会风尚。言行雅正，举止文明。自尊自律，清廉从教，以身作则。自觉抵制有损教师职业声誉的行为。

教育部关于建立健全高校师德建设长效机制的意见
（教师〔2014〕10号）

各省、自治区、直辖市教育厅（教委），有关部门（单位）教育司（局），新疆生产建设兵团教育局，部属各高等学校：

为深入贯彻习近平总书记9月9日在北京师范大学师生代表座谈会上的重要讲话精神，积极引导广大高校教师做有理想信念、有道德情操、有扎实学识、有仁爱之心的党和人民满意的好老师，大力加强和改进师德建设，努力培养造就一支师德高尚、业务精湛、结构合理、充满活力的高素质专业化高校教师队伍，现就建立健全高校师德建设长效机制提出如下意见：

一、深刻认识新时期建立健全高校师德建设长效机制的重要性和紧迫性

高校教师的思想政治素质和道德情操直接影响着青年学生世界观、人生观、价值观的养成，决定着人才培养的质量，关系着国家和民族的未来。加强和改进高校师德建设工作，对于全面提高高等教育质量、推进高等教育事业科学发展，培养中国特色社会主义事业的建设者和接班人、实现中华民族伟大复兴的中国梦，具有重大而深远的意义。

长期以来，广大高校教师忠诚党的教育事业，呕心沥血、默默奉献，潜心治学、教书育人，敢于担当、锐意创新，为高等教育改革发展做出了巨大贡献，赢得了全社会广泛赞誉和普遍尊重。但是，当前社会变革转型时期所带来的负面现象也对教师产生影响。少数高校教师理想信念模糊，育人意识淡薄，教学敷衍，学风浮躁，甚至学术不端，言行失范、道德败坏等，严重损害了高校教师的社会形象和职业声誉。一些地方和高校对新时期师德建设重视不够，工作方法陈旧、实效性不强。各地各高校要充分认识新时期加强和改进高校师德建设工作的重要性和紧迫性，建立健全高校师德建设长效机制，从根本上遏制和杜绝高校师德失范现象的发生，切实提高高校师德建设水平，全面提升高校教师师德素养。

二、建立健全高校师德建设长效机制的原则和要求

建立健全高校师德建设长效机制的基本原则：坚持价值引领，以社会主义核心价值观为高校教师崇德修身的基本遵循，促进高校教师带头培育和践行社会主义核心价值观。坚持师德为上，以立德树人为出发点和立足点，找准与高校教师思想的共鸣点，增强高校师德建设的针对性和贴近性，培育高校教师高尚道德情操。坚持以人为本，关注高校教师发展诉求和价值愿望，落实高校教师主体地位，激发高校教师的责任感使命感。坚持改进创新，不断探索新时期高校师德建设的规律特点，善于运用高校教师喜闻乐见的方式方法，增强高校师德建设的实际效果。

建立健全高校师德建设长效机制的工作要求：充分尊重高校教师主体地位，注重宣传教育、示范引领、实践养成相统一，政策保障、制度规范、法律约束相衔接，建立教育、宣传、考核、监督与奖惩相结合的高校师德建设工作机制，引导广大高校教师自尊自律自强，做学生敬仰爱戴的品行之师、学问之师，做社会主义道德的示范者、诚信风尚的引领者、公平正义的维护者。

三、建立健全高校师德建设长效机制的主要举措

创新师德教育，引导教师树立崇高理想。将师德教育摆在高校教师培养首位，贯穿高校教师职业生涯全过程。青年教师入职培训必须开设师德教育专题。要将师德教育作为优秀教师团队培养，骨干教师、学科带头人和学科领军人物培育的重要内容。重点加强社会主义核心价值观教育，重视理想信念教育、法制教育和心理健康教育。创新教育理念、模式和手段。建立师德建设专家库，把高校师德重大典型、全国教书育人楷模、一线优秀教师等请进课堂，用他们的感人事迹诠释师德内涵。举行新教师入职宣誓仪式和老教师荣休仪式。结合教学科研、社会服务活动开展师德教育，鼓励广大高校教

师参与调查研究、学习考察、挂职锻炼、志愿服务等实践活动，切实增强师德教育效果。

加强师德宣传，培育重德养德良好风尚。把握正确舆论导向，坚持师德宣传制度化、常态化，将师德宣传作为高校宣传思想工作的重要组成部分。系统宣讲《教育法》《高等教育法》《教师法》和教育规划纲要等法规文件中有关师德的要求，宣传普及《高校教师职业道德规范》。把培育良好师德师风作为大学校园文化建设的核心内容，挖掘和提炼名家名师为人为学为师的大爱师魂，生动展现当代高校教师的精神风貌。充分利用教师节等重大节庆日、纪念日契机，通过电视、广播、报纸、网站及微博、微信、微电影等新媒体形式，集中宣传高校优秀教师的典型事迹，努力营造崇尚师德、争创师德典型的良好舆论环境和社会氛围。对于高校师德建设中出现的热点难点问题，要及时应对并有效引导。

健全师德考核，促进教师提高自身修养。将师德考核作为高校教师考核的重要内容。师德考核要充分尊重教师主体地位，坚持客观公正、公平公开原则，采取个人自评、学生测评、同事互评、单位考评等多种形式进行。考核结果应通知教师本人，考核优秀的应当予以公示表彰，确定考核不合格者应当向教师说明理由，听取教师本人意见。考核结果存入教师档案。师德考核不合格者年度考核应评定为不合格，并在教师职务（职称）评审、岗位聘用、评优奖励等环节实行一票否决。高校结合实际制定师德考核的具体实施办法。

强化师德监督，有效防止师德失范行为。将师德建设作为高校教育质量督导评估重要内容。高校要建立健全师德建设年度评议、师德状况调研、师德重大问题报告和师德舆情快速反应制度，及时研究加强和改进师德建设的政策措施。构建高校、教师、学生、家长和社会多方参与的师德监督体系。健全完善学生评教机制。充分发挥教职工代表大会、工会、学术委员会、教授委员会等在师德建设中的作用。高校及主管部门建立师德投诉举报平台，及时掌握师德信息动态，及时纠正不良倾向和问题。对师德问题做到有诉必查，有查必果，有果必复。

注重师德激励，引导教师提升精神境界。完善师德表彰奖励制度，将师德表现作为评奖评优的首要条件。在同等条件下，师德表现突出的，在教师职务（职称）晋升和岗位聘用，研究生导师遴选，骨干教师、学科带头人和学科领军人物选培，各类高层次人才及资深教授、荣誉教授等评选中优先考虑。

严格师德惩处，发挥制度规范约束作用。建立健全高校教师违反师德行为的惩处机制。高校教师不得有下列情形：损害国家利益，损害学生和学校合法权益的行为；在教育教学活动中有违背党的路线方针政策的言行；在科研工作中弄虚作假、抄袭剽窃、篡改侵吞他人学术成果、违规使用科研经费以及滥用学术资源和学术影响；影响正常教育教学工作的兼职兼薪行为；在招生、考试、学生推优、保研等工作中徇私舞弊；索要或收受学生及家长的礼品、礼金、有价证券、支付凭证等财物；对学生实施性骚扰或与学生发生不正当关系；其他违反高校教师职业道德的行为。有上述情形的，依法依规分别给予警告、记过、降低专业技术职务等级、撤销专业技术职务或者行政职务、解除聘用合同或者开除。对严重违法违纪的要及时移交相关部门。建立问责机制，对教师严重违反师德行为监管不力、拒不处分、拖延处分或推诿隐瞒，造成不良影响或严重后果的，要追究高校主要负责人的责任。

四、充分激发高校教师加强师德建设的自觉性

广大高校教师要充分认识自己所承担的庄严而神圣的使命，发扬主人翁精神，自觉捍卫职业尊严，珍惜教师声誉，提升师德境界。要将师德修养自觉纳入职业生涯规划，明确师德发展目标。要通过自主学习，自我改进，将师德规范转化为稳定的内在信念和行为品质。要将师德规范积极主动融入教育教学、科学研究和服务社会的实践中，提高师德践行能力。要弘扬重内省、重慎独的优良传统，在细微处见师德，在日常中守师德，养成师德自律习惯。

高校要健全教师主体权益保障机制，根据《教育法》《高等教育法》《教师法》等法律法规和高等学校章程，明确并落实教师在高校办学中的主体地位。完善教师参与治校治学机制，在干部选拔任用、专业技术职务评聘、学术评价和各种评优选拔活动中，充分保障教师的知情权、参与权、表达权和

监督权。创设公平正义、风清气正的环境条件。充分尊重教师的专业自主权，保障教师依法行使学术权利和学业评定权利。保护教师正当的申辩、申诉权利，依法建立教师权益保护机制，维护教师合法权益。健全教师发展制度，构建完整的职业发展体系，鼓励支持教师参加培训、开展学术交流合作。

五、切实明确高校师德建设工作的责任主体

高校是师德建设的责任主体，主要负责人是师德建设的第一责任人。高校要明确师德建设的牵头部门，成立组织、宣传、纪检监察、人事、教务、科研、工会、学术委员会等相关责任部门和组织协同配合的师德建设委员会；建立和完善党委统一领导、党政齐抓共管、院系具体落实、教师自我约束的领导体制和工作机制，形成师德建设合力。要建立一岗双责的责任追究机制。要加大师德建设经费投入力度，为师德建设提供坚实保障。

高校主管部门要把师德建设摆在教师队伍建设的首位，主要领导亲自负责，并落实具体职能机构和人员。建立和完善师德建设督导评估制度，不断加大督导检查力度。支持高校设立师德建设研修基地，搭建教育交流平台，积极探索师德建设的特点和规律，不断提升师德建设科学化水平。

各地各校要根据实际制订具体的实施办法。

内蒙古自治区教育厅
关于建立健全高校师德建设长效机制的指导意见
（内教师字〔2015〕55号）

各高等学校：

为进一步加强和改进我区高校教师职业道德建设，积极引导广大教师立德树人、为人师表，做有理想信念、道德情操、扎实学识、仁爱之心的人民满意的好教师，努力打造一支师德高尚、业务精湛、结构合理、充满活力的高素质专业化高校教师队伍，根据《教育部关于建立健全高校师德建设长效机制的意见》（教师〔2014〕10号）精神，结合我区高校实际，制定本指导意见。

一、总体要求和基本原则

（一）总体要求

要充分尊重高校教师主体地位，注重宣传教育、示范引领、实践养成相统一，注重政策保障、制度规范、法律约束相衔接，建立教育、宣传、监督、考核与奖惩五位一体的高校师德建设工作机制，培育重德养德的教育风尚，全面提高高等教育质量，推进高等教育事业科学发展。要将师德建设摆在教师培养工程首位，贯穿教师职业生涯始终，引导广大教师提升精神境界和师德素养，学为人师，行为世范，做学生敬仰的品行之师、学问之师，做社会主义道德的示范者、诚信风尚的引领者、公平正义的维护者。

（二）基本原则

坚持价值引领的原则，以社会主义核心价值观为崇德修身的基本遵循，提高高校教师带头培育和践行社会主义核心价值观的主动性。坚持师德为上的原则，以立德树人为出发点和立足点，找准与高校教师思想的共鸣点，增强高校师德建设的针对性和贴近性，培育高校教师高尚道德情操。坚持以人为本的原则，突出高校教师主体地位，关注高校教师发展诉求和价值愿望，引导高校教师自觉增强教书育人的荣誉感和责任感。坚持改进创新的原则，不断探索新时期高校师德建设规律特点，不断提升师德建设科学化水平，善于运用高校教师喜闻乐见的方式，提升师德境界，增强高校师德建设的实际效果。

二、工作措施

（一）建立健全师德教育机制

要把师德教育作为教师培训工作的重要内容，着力提升教师师德素养；将师德教育作为优秀教师团队培养，骨干教师、学科带头人和学科领军人物培育的重要内容。建立全员师德专题教育和日常教育制度，加强师德教育课程建设，精心设计师德教育载体，创新师德教育内容和方法，加强社会主义核心价值观教育、理想信念教育、法制教育和心理健康教育，增强师德教育的针对性和有效性。要建立新教师、班主任和辅导员岗前师德教育集中培训制度。建立新教师入职宣誓和师德承诺制度，学校与教师签定聘任合同的同时签订师德承诺书。

（二）建立健全师德宣传机制

要把师德宣传作为高校宣传思想工作重要组成部分，建立常态化的师德宣传工作机制；要把培养良好师德师风作为高校校园文化建设核心内容，挖掘和提炼名家名师为人为学为师的大爱师魂，大力树立和宣传优秀教师、师德典型的先进事迹，充分展现当代高校教师的精神风貌，弘扬主旋律，增强正能量，着力营造崇尚师德、争创师德典型的良好舆论环境和尊师重教的浓厚社会氛围。要把师德典型请进课堂，用感人事迹诠释师德内涵，发挥先进典型的引领示范作用。

（三）建立健全师德考核机制

自治区将师德建设纳入高校领导班子年度考核和教育质量综合评价指标

体系。学校要把师德考核作为教师考核的重要内容，建立健全师德年度考核制度，制定师德考核具体措施办法，把教师参加师德培训、师德举报查处、奖惩、师德总结等情况及时存入教师档案，并作为师德考核的重要依据。考核工作要坚持客观、公正、公平、公开原则，采取个人自评、学生测评、同事互评、单位考评等综合测评形式进行考核。师德考核不合格的，年度考核应评定为不合格等次，并在专业技术资格评审、岗位聘任、评优评先、晋级提拔等方面实行一票否决制；同时与绩效工资分配挂钩，不得晋升工资、颁发奖励性绩效工资等。

（四）建立健全师德激励机制

要把师德表现作为各类评奖、评优、评先、晋级的首要条件，建立健全师德激励机制。要定期组织开展师德楷模、师德标兵、师德先进个人等评选表彰活动。在各类评优评先、职务（职称）晋升、岗位聘任、研究生导师遴选、学科带头人和领军人物选培、高层次人才及资深教授、荣誉教授等评选中，对师德表现突出的，在同等条件下要优先推选。

（五）建立健全师德监督报告机制

构建学校、教师、学生、家长和社会多方参与的师德监督体系，健全完善学生评教机制，防止师德失范行为的发生。要建立和完善师德建设年度评议、师德状况调研、师德重大问题报告和师德舆情快速反应制度，定期分析师德建设中存在的主要问题，及时研究改进师德建设的对策措施，对师德建设中出现的热点难点问题要及时回应。学校要设立师德举报电话等行之有效的师德投诉、举报平台，及时掌握师德信息动态，及时发现并纠正不良倾向和问题，努力将各类违反师德行为消除在萌芽状态。对师德问题要做到有诉必查、有查必果、有果必复。对出现违反师德规范行为及违纪违法行为且影响较大的事件，要第一时间向教育厅报告。要坚持正确的舆论导向，对造成社会不良影响的师德违规事件，要及时调查处置，并及时与宣传部门和新闻媒体联系沟通，正确引导社会舆论。学校要建立健全师德建设工作定期自查、随时抽查及通报制度，每学期末要将学校师德建设工作自查情况报教育厅。

教育厅每年对各高校师德建设及社会投诉、举报等情况在全区范围进行通报。

（六）建立健全师德惩处机制

建立健全高校教师违反师德规范行为的惩处机制，发挥制度规范的约束作用。高校教师不得有下列情形：损害国家利益，损害学生和学校合法权益的行为；在教育教学活动中有违背党的路线方针政策的言行；在科研工作中弄虚作假、抄袭剽窃、篡改侵吞他人学术成果、违规使用科研经费以及滥用学术资源和学术影响；影响正常教育教学工作的兼职兼薪行为；在新进人员招聘、职称评聘、岗位聘任、招生、考试、学生推优、推荐免试研究生等工作中徇私舞弊；索要或收受学生及家长的礼品、礼金、有价证券、支付凭证等财物；对学生实施性骚扰或与学生发生不正当关系；利用科研活动谋取不正当利益；污蔑、诽谤、诋毁他人；其他违反高校教师职业道德的行为。

高校教师有上述情形的，视情节轻重依法依规分别给予警告、记过、降低专业技术职务等级、撤销专业技术职务或者行政职务、撤销教师资格、解除聘用合同或者开除，对严重违纪违法的要及时移交相关部门。对于违反师德规范的行为，要发现一起查处一起。

（七）建立健全教师参与机制

要充分发挥教职工代表大会、工会、学术委员会、教授委员会等在师德建设中的作用，建立健全教师参与治校治学机制。依法建立教师权益保护机制，在干部选拔任用、专业技术职务评聘、学术评价和各种评优选拔活动中，充分保障教师的知情权、参与权、表达权和监督权，充分尊重教师的专业自主权，保障教师依法行使学术权利和学业评定权利，保护教师正当的申辩、申诉权利，创设公平正义、风清气正的环境，维护教师合法权益。

三、组织保障

学校是师德建设的责任主体，学校党委书记是师德建设的第一责任人，要亲自抓师德建设工作。要建立和完善学校党委统一领导、党政齐抓共管、院系具体落实、教师自我约束的领导体制和工作机制，形成师德建设合力，切实做到制度、组织、任务三落实。各高校要明确师德建设的牵头部门，成立组织、宣传、纪检监察、人事、教务、研究生、科研、工会、学术委员会等相关责任部门组成的师德建设委员会。学校要建立一岗双责责任追究制度。各高校要依据本指导意见，结合学校实际，针对教学、科研、管理等不同教师群体的岗位职责，制定师德建设实施办法，进一步完善教育教学规范、学术研究规范和校外兼职兼薪规范等配套政策措施。要设立师德建设专项经费并逐步加大投入，为师德建设提供坚实的财力保障。

教育厅将师德建设摆在教师队伍建设的首位，主要领导亲自负责，成立师德建设工作协调小组，落实职能机构和人员，完善领导体制和工作机制。要建立对高校师德建设工作的问责机制，对教师严重违反师德行为监管不力、拒不处分、拖延处分或推诿隐瞒，造成不良影响或严重后果的，按照干部管理权限，严格追究相关负责人的责任。

内蒙古自治区教育厅
2015 年 12 月 28 日

教育部
关于印发《新时代高校教师职业行为十项准则》《新时代中小学教师职业行为十项准则》《新时代幼儿园教师职业行为十项准则》的通知
教师〔2018〕16号

各省、自治区、直辖市教育厅(教委)，新疆生产建设兵团教育局，有关部门(单位)教育司(局)，部属各高等学校、部省合建各高等学校：

为深入贯彻习近平新时代中国特色社会主义思想和党的十九大精神，深入贯彻落实全国教育大会精神，扎实推进《中共中央 国务院关于全面深化新时代教师队伍建设改革的意见》的实施，进一步加强师德师风建设，我部研究制定了《新时代高校教师职业行为十项准则》《新时代中小学教师职业行为十项准则》《新时代幼儿园教师职业行为十项准则》（以下统称准则）。现印发给你们，请结合实际，认真贯彻执行。

一、准则是教师职业行为的基本规范。师德师风是评价教师队伍素质的第一标准。长期以来，广大教师牢记使命、不忘初心、爱岗敬业、教书育人，改革创新、服务社会，作出了重大贡献，党和国家高度肯定，学生、家长和社会普遍尊重。但是，也有个别教师放松自我要求，不能认真履职尽责，甚至出现严重违反师德行为，损害教师队伍整体形象。制定教师职业行为准则，明确新时代教师职业规范，针对主要问题、突出问题划定基本底线，是对广大教师的警示提醒和严管厚爱，是深化师德师风建设，造就政治素质过硬、业务能力精湛、育人水平高超的高素质教师队伍的关键之举。

二、立即部署扎实开展准则的学习贯彻。各地各校要立即行动，结合落实师德师风建设长效机制，开展准则的学习贯彻。要结合本地区、本学校实际进行细化，制定具体化的教师职业行为负面清单及失范行为处理办法，提高针对性、操作性。要做好宣传解读，坚持全覆盖、无死角，采取多种形式帮助广大教师全面理解和准确把握，做到人人应知应做、必知必做，真正把教书育人和自我修养结合起来，时刻自重、自省、自警、自励，自觉做以德立身、以德立学、以德施教、以德育德的楷模，维护教师职业形象，提振师道尊严。

三、把准则要求落实到教师管理具体工作中。要把好教师入口关，在教师招聘、引进时组织开展准则的宣讲，确保每位新入职教师知准则、守底线。要将准则要求体现在教师聘用、聘任合同中，明确有关责任。要强化考核，在教师年度考核、职称评聘、推优评先、表彰奖励等工作中必须进行师德考核，实行师德失范"一票否决"。改进师德考核方式方法，避免形式化、随意化。完善师德考核指标体系，提高科学性、实效性。

四、以有力措施坚决查处师德违规行为。各地各校要按照准则及相应的处理指导意见、处理办法要求，严格举报受理和违规查处。对于发生准则中禁止行为的，要态度坚决，一查到底，依法依规严肃惩处，绝不姑息。对于有虐待、猥亵、性骚扰等严重侵害学生行为的，一经查实，要撤销其所获荣誉、称号，追回相关奖金，依法依规撤销教师资格、解除教师职务、清除出教师队伍，同时还要录入全国教师管理信息系统，任何学校不得再聘任其从事教学、科研及管理等工作。涉嫌违法犯罪的要及时移送司法机关依法处理。要严格落实学校主体责任，建立师德建设责任追究机制，对师德违规行为监管不力、拒不处分、拖延处分或推诿隐瞒等失职失责问题，造成不良影响或严重后果的，要按照干部管理权限严肃追究责任。

各地贯彻落实准则的情况，请及时报告教育部。教育部将适时对落实情况进行督查。

教育部

2018 年 11 月 8 日

新时代高校教师职业行为十项准则

教师是人类灵魂的工程师，是人类文明的传承者。长期以来，广大教师贯彻党的教育方针，教书育人，呕心沥血，默默奉献，为国家发展和民族振兴作出了重大贡献。新时代对广大教师落实立德树人根本任务提出新的更高要求，为进一步增强教师的责任感、使命感、荣誉感，规范职业行为，明确师德底线，引导广大教师努力成为有理想信念、有道德情操、有扎实学识、有仁爱之心的好老师，着力培养德智体美劳全面发展的社会主义建设者和接班人，特制定以下准则。

一、坚定政治方向。坚持以习近平新时代中国特色社会主义思想为指导，拥护中国共产党的领导，贯彻党的教育方针；不得在教育教学活动中及其他场合有损害党中央权威、违背党的路线方针政策的言行。

二、自觉爱国守法。忠于祖国，忠于人民，恪守宪法原则，遵守法律法规，依法履行教师职责；不得损害国家利益、社会公共利益，或违背社会公序良俗。

三、传播优秀文化。带头践行社会主义核心价值观，弘扬真善美，传递正能量；不得通过课堂、论坛、讲座、信息网络及其他渠道发表、转发错误观点，或编造散布虚假信息、不良信息。

四、潜心教书育人。落实立德树人根本任务，遵循教育规律和学生成长规律，因材施教，教学相长；不得违反教学纪律，敷衍教学，或擅自从事影响教育教学本职工作的兼职兼薪行为。

五、关心爱护学生。严慈相济，诲人不倦，真心关爱学生，严格要求学生，做学生良师益友；不得要求学生从事与教学、科研、社会服务无关的事宜。

六、坚持言行雅正。为人师表，以身作则，举止文明，作风正派，自重自爱；不得与学生发生任何不正当关系，严禁任何形式的猥亵、性骚扰行为。

七、遵守学术规范。严谨治学，力戒浮躁，潜心问道，勇于探索，坚守学术良知，反对学术不端；不得抄袭剽窃、篡改侵吞他人学术成果，或滥用学术资源和学术影响。

八、秉持公平诚信。坚持原则，处事公道，光明磊落，为人正直；不得在招生、考试、推优、保研、就业及绩效考核、岗位聘用、职称评聘、评优评奖等工作中徇私舞弊、弄虚作假。

九、坚守廉洁自律。严于律己，清廉从教；不得索要、收受学生及家长财物，不得参加由学生及家长付费的宴请、旅游、娱乐休闲等活动，或利用家长资源谋取私利。

十、积极奉献社会。履行社会责任，贡献聪明才智，树立正确义利观；不得假公济私，擅自利用学校名义或校名、校徽、专利、场所等资源谋取个人利益。

新时代中小学教师职业行为十项准则

教师是人类灵魂的工程师，是人类文明的传承者。长期以来，广大教师贯彻党的教育方针，教书育人，呕心沥血，默默奉献，为国家发展和民族振兴作出了重大贡献。新时代对广大教师落实立德树人根本任务提出新的更高要求，为进一步增强教师的责任感、使命感、荣誉感，规范职业行为，明确师德底线，引导广大教师努力成为有理想信念、有道德情操、有扎实学识、有仁爱之心的好老师，着力培养德智体美劳全面发展的社会主义建设者和接班人，特制定以下准则。

一、坚定政治方向。坚持以习近平新时代中国特色社会主义思想为指导，拥护中国共产党的领导，贯彻党的教育方针；不得在教育教学活动中及其他场合有损害党中央权威、违背党的路线方针政策的言行。

二、自觉爱国守法。忠于祖国，忠于人民，恪守宪法原则，遵守法律法规，依法履行教师职责；不得损害国家利益、社会公共利益，或违背社会公序良俗。

三、传播优秀文化。带头践行社会主义核心价值观，弘扬真善美，传递正能量；不得通过课堂、论坛、讲座、信息网络及其他渠道发表、转发错误观点，或编造散布虚假信息、不良信息。

四、潜心教书育人。落实立德树人根本任务，遵循教育规律和学生成长规律，因材施教，教学相长；不得违反教学纪律，敷衍教学，或擅自从事影响教育教学本职工作的兼职兼薪行为。

五、关心爱护学生。严慈相济，诲人不倦，真心关爱学生，严格要求学生，做学生良师益友；不得歧视、侮辱学生，严禁虐待、伤害学生。

六、加强安全防范。增强安全意识，加强安全教育，保护学生安全，防范事故风险；不得在教育教学活动中遇突发事件、面临危险时，不顾学生安危，擅离职守，自行逃离。

七、坚持言行雅正。为人师表，以身作则，举止文明，作风正派，自重自爱；不得与学生发生任何不正当关系，严禁任何形式的猥亵、性骚扰行为。

八、秉持公平诚信。坚持原则，处事公道，光明磊落，为人正直；不得在招生、考试、推优、保送及绩效考核、岗位聘用、职称评聘、评优评奖等工作中徇私舞弊、弄虚作假。

九、坚守廉洁自律。严于律己，清廉从教；不得索要、收受学生及家长财物或参加由学生及家长付费的宴请、旅游、娱乐休闲等活动，不得向学生推销图书报刊、教辅材料、社会保险或利用家长资源谋取私利。

十、规范从教行为。勤勉敬业，乐于奉献，自觉抵制不良风气；不得组织、参与有偿补课，或为校外培训机构和他人介绍生源、提供相关信息。

新时代幼儿园教师职业行为十项准则

教师是人类灵魂的工程师，是人类文明的传承者。长期以来，广大教师贯彻党的教育方针，教书育人，呕心沥血，默默奉献，为国家发展和民族振兴作出了重大贡献。新时代对广大教师落实立德树人根本任务提出新的更高要求，为进一步增强教师的责任感、使命感、荣誉感，规范职业行为，明确师德底线，引导广大教师努力成为有理想信念、有道德情操、有扎实学识、有仁爱之心的好老师，着力培养德智体美劳全面发展的社会主义建设者和接班人，特制定以下准则。

一、坚定政治方向。坚持以习近平新时代中国特色社会主义思想为指导，拥护中国共产党的领导，贯彻党的教育方针；不得在保教活动中及其他场合有损害党中央权威和违背党的路线方针政策的言行。

二、自觉爱国守法。忠于祖国，忠于人民，恪守宪法原则，遵守法律法规，依法履行教师职责；不得损害国家利益、社会公共利益，或违背社会公序良俗。

三、传播优秀文化。带头践行社会主义核心价值观，弘扬真善美，传递正能量；不得通过保教活动、论坛、讲座、信息网络及其他渠道发表、转发错误观点，或编造散布虚假信息、不良信息。

四、潜心培幼育人。落实立德树人根本任务，爱岗敬业，细致耐心；不得在工作期间玩忽职守、消极怠工，或空岗、未经批准找人替班，不得利用职务之便兼职兼薪。

五、加强安全防范。增强安全意识，加强安全教育，保护幼儿安全，防范事故风险；不得在保教活动中遇突发事件、面临危险时，不顾幼儿安危，擅离职守，自行逃离。

六、关心爱护幼儿。呵护幼儿健康，保障快乐成长；不得体罚和变相体罚幼儿，不得歧视、侮辱幼儿，严禁猥亵、虐待、伤害幼儿。

七、遵循幼教规律。循序渐进，寓教于乐；不得采用学校教育方式提前教授小学内容，不得组织有碍幼儿身心健康的活动。

八、秉持公平诚信。坚持原则，处事公道，光明磊落，为人正直；不得在入园招生、绩效考核、岗位聘用、职称评聘、评优评奖等工作中徇私舞弊、弄虚作假。

九、坚守廉洁自律。严于律己，清廉从教；不得索要、收受幼儿家长财物或参加由家长付费的宴请、旅游、娱乐休闲等活动，不得推销幼儿读物、社会保险或利用家长资源谋取私利。

十、规范保教行为。尊重幼儿权益，抵制不良风气；不得组织幼儿参加以营利为目的的表演、竞赛等活动，或泄露幼儿与家长的信息。

教育部关于高校教师师德失范行为处理的指导意见
（教师〔2018〕17号）

各省、自治区、直辖市教育厅（教委），新疆生产建设兵团教育局，有关部门（单位）教育司（局），部属各高等学校、部省合建各高等学校：

为进一步规范高校教师履职履责行为，落实立德树人根本任务，弘扬新时代高校教师道德风尚，努力建设有理想信念、有道德情操、有扎实学识、有仁爱之心的高校教师队伍，现就教师违反《高等学校教师职业道德规范》《教育部关于建立健全高校师德建设长效机制的意见》和《新时代高校教师职业行为十项准则》等规定，发生师德失范行为的处理提出如下指导意见。

一、各高校要严格落实师德建设主体责任，建立完善党委统一领导、党政齐抓共管、牵头部门明确、院（系）具体落实、教师自我约束的工作机制。党委书记和校长抓师德同责，是师德建设第一责任人。院（系）行政主要负责人对本单位师德建设负直接领导责任，院（系）党组织主要负责人也负有直接领导责任。

二、高校教师要自觉加强师德修养，严格遵守师德规范，严以律己，为人师表，把教书育人和自我修养结合起来，坚持以德立身、以德立学、以德施教、以德育德。发生师德失范行为，本人要承担相应责任。

三、对高校教师师德失范行为实行"一票否决"。高校教师出现违反师德行为的，根据情节轻重，给予相应处理或处分。情节较轻的，给予批评教育、诫勉谈话、责令检查、通报批评，以及取消其在评奖评优、职务晋升、职称评定、岗位聘用、工资晋级、干部选任、申报人才计划、申报科研项目等方面的资格。担任研究生导师的，还应采取限制招生名额、停止招生资格直至取消导师资格的处理。以上取消相关资格处理的执行期限不得少于24个月。情节较重应当给予处分的，还应根据《事业单位工作人员处分暂行规定》给予行政处分，包括警告、记过、降低岗位等级或撤职、开除，需要解除聘用合同的，按照《事业单位人事管理条例》相关规定进行处理。情节严重、影响恶劣的，应当依据《教师资格条例》报请主管教育部门撤销其教师资格。是中共党员的，同时给予党纪处分。涉嫌违法犯罪的，及时移送司法机关依法处理。

四、对师德失范行为的处理，应坚持公平公正、教育与惩处相结合的原则，做到事实清楚、证据确凿、定性准确、处理适当、程序合法、手续完备。

五、高校要建立健全师德失范行为受理与调查处理机制，指定或设立专门组织负责，明确受理、调查、认定、处理、复核、监督等处理程序。在教师师德失范行为调查过程中，应听取教师本人的陈述和申辩，同时当事各方均不应公开调查的有关内容。教师对处理决定不服的，按照国家有关规定提出复核、申诉。对高校教师的处理，在期满后根据悔改表现予以延期或解除，处理决定和处理解除决定都应完整存入个人人事档案。

六、高校师德师风建设要坚持权责对等、分级负责、层层落实、失责必问、问责必严的原则。对于相关单位和责任人不履行或不正确履行职责，有下列情形之一的，根据职责权限和责任划分进行问责：

（一）师德师风制度建设、日常教育监督、舆论宣传、预防工作不到位；

（二）师德失范问题排查发现不及时；

（三）对已发现的师德失范行为处置不力、方式不当；

（四）已作出的师德失范行为处理决定落实不到位，师德失范行为整改不彻底；

（五）多次出现师德失范问题或因师德失范行为引起不良社会影响；

（六）其他应当问责的失职失责情形。

七、教师出现师德失范问题，所在院（系）行政主要负责人和党组织主要负责人需向学校分别做出检讨，由学校依据有关规定视情节轻重采取约谈、诫勉谈话、通报批评、纪律处分和组织处理等方式进行问责。

八、教师出现师德失范问题，学校需向上级主管部门做出说明，并引以为戒，进行自查自纠与落实整改。如有学校反复出现师德失范问题，分管校领导应向学校做出检讨，学校应在上级主管部门督导下进行整改。

九、各地各校应当依据本意见制定高校教师师德失范行为负面清单及处理办法，并报上级主管部门备案。

十、民办高校的劳动人事管理执行《中华人民共和国劳动合同法》规定，对教师师德失范行为的处理，遵照本指导意见执行。

教育部

2018年11月8日

教育部等七部门
印发《关于加强和改进新时代师德师风建设的意见》的通知
（教师〔2019〕10号）

各省、自治区、直辖市教育厅（教委）、党委组织部、党委宣传部、发展改革委、财政厅（局）、人力资源社会保障厅（局）、文化和旅游厅（局），新疆生产建设兵团教育局、党委组织部、党委宣传部、发展改革委、财政局、人力资源社会保障局、文化体育广电和旅游局，有关部门（单位）教育司（局），部属各高等学校、部省合建各高等学校：

为深入贯彻落实习近平总书记关于教育的重要论述和全国教育大会精神，落实《新时代公民道德建设实施纲要》和《中共中央 国务院关于全面深化新时代教师队伍建设改革的意见》，加强和改进新时代师德师风建设，倡导全社会尊师重教，教育部、中央组织部、中央宣传部、国家发展改革委、财政部、人力资源社会保障部、文化和旅游部研究制定了《关于加强和改进新时代师德师风建设的意见》，现印发给你们，请结合实际认真贯彻执行。

为认真贯彻落实《新时代公民道德建设实施纲要》，深入推进实施《中共中央 国务院关于全面深化新时代教师队伍建设改革的意见》，全面提升教师思想政治素质和职业道德水平，现就加强和改进新时代师德师风建设提出如下意见。

一、加强师德师风建设的总体要求

1. **指导思想**。以习近平新时代中国特色社会主义思想为指导，深入学习贯彻习近平总书记关于教育的重要论述和全国教育大会精神，把立德树人的成效作为检验学校一切工作的根本标准，把师德师风作为评价教师队伍素质的第一标准，将社会主义核心价值观贯穿师德师风建设全过程，严格制度规定，强化日常教育督导，加大教师权益保护力度，倡导全社会尊师重教，激励广大教师努力成为"四有"好老师，着力培养德智体美劳全面发展的社会主义建设者和接班人。

2. **基本原则**

——**坚持正确方向**。加强党对教育工作的全面领导，坚持社会主义办学方向，确保教师在落实立德树人根本任务中的主体作用得到全面发挥。

——**坚持尊重规律**。遵循教育规律、教师成长发展规律和师德师风建设规律，注重高位引领与底线要求结合、严管与厚爱并重，不断激发教师内生动力。

——**坚持聚焦重点**。围绕重点内容，针对突出问题，强化各地各部门的领导责任，压实学校主体责任，引导家庭、社会协同配合，推进师德师风建设工作制度化、常态化。

——**坚持继承创新**。传承中华优秀师道传统，全面总结改革开放特别是党的十八大以来师德师风建设经验，适应新时代变化，加强创新，推动师德师风建设工作不断深化。

3. **总体目标**。经过5年左右努力，基本建立起完备的师德师风建设制度体系和有效的师德师风建设长效机制。教师思想政治素质和职业道德水平全面提升，教师敬业立学、崇德尚美呈现新风貌。教师权益保障体系基本建立，教师安心、热心、舒心、静心从教的良好环境基本形成，师道尊严进一步提振。全社会对教师职业认同度加深，教师政治地位、社会地位、职业地位显著提高，尊师重教蔚然成风。

二、全面加强教师队伍思想政治工作

4. **坚持思想铸魂，用习近平新时代中国特色社会主义思想武装教师头脑**。健全教师理论学习制度，开展习近平新时代中国特色社会主义思想系统化、常态化学习，重点加强习近平总书记关于教育的重要论述的学习，使广大教师学懂弄通、入脑入心，自觉用"四个意识"导航，用"四个自信"强基，用"两个维护"铸魂。依托高水平高校建设一批教育基地，同时统筹党校（行政学院）资源，定期开展教师思想政治轮训，使广大教师更好掌握马克思主义立场观点方法，认清中国和世界发展大势，增进对中国特色社会主义的政治认同、思想认同、理论认同、情感认同。

5. **坚持价值导向，引导教师带头践行社会主义核心价值观**。将社会主义核心价值观融入教育教学全过程，体现到学校管理及校园文化建设各环节，进一步凝聚起师生员工思想共识，使之成为共同价值追求。弘扬中华优秀传统文化、革命文化和社会主义先进文化，培育科技创新文化，充分发挥文化涵养师德师风功能。身教重于言教，引导教师开展社会实践，深入了解世情、党情、国情、社情、民情，强化教育强国、教育为民的责任担当。健全教师志愿服务制度，鼓励支持广大教师参加志愿服务活动，在服务社会的实践中厚植教育情怀。重视高层次人才、海外归国教师、青年教师的教育引导，增强工作针对性。

6. **坚持党建引领，充分发挥教师党支部和党员教师作用**。建强教师党支部，使教师党支部成为涵养师德师风的重要平台。建好党员教师队伍，使党员教师成为践行高尚师德的中坚力量。重视在高层次人才和优秀青年教师中发展党员工作，完善学校领导干部联系教师入党积极分子等制度。开展好"三会一课"，健全党的组织生活各项制度，通过组织集中学习、定期开展主题党日活动、经常开展谈心谈话、组织党员教师与非党员教师结对联系等，充分发挥教师党支部的战斗堡垒作用和党员教师的先锋模范作用。涉及教师利益的重要事项、重点工作，应征求教师党支部意见。

三、大力提升教师职业道德素养

7. **突出课堂育德，在教育教学中提升师德素养**。充分发挥课堂主渠道作用，引导广大教师守好讲台主阵地，将立德树人放在首要位置，融入渗透到教育教学全过程，以心育心、以德育德、以人格育人格。把握学生身心发展规律，实现全员全过程全方位育人，增强育人的主动性、针对性、实效性，避免重教书轻育人倾向。加强对新入职教师、青年教师的指导，通过老带新等机制，发挥传帮带作用，使其尽快熟悉教育规律、掌握教育方法，在育人实践中锤炼高尚道德情操。将师德师风教育贯穿师范生培养及教师生涯全过程，师范生必须修学师德教育课程，在职教师培训中要确保每学年有师德师风专题教育。

8. **突出典型树德，持续开展优秀教师选树宣传**。大力宣传新时代广大教师阳光美丽、爱岗敬业、甘于奉献、改革创新的新形象。深入挖掘优秀教师典型，综合运用授予荣誉、事迹报告、媒体宣传、创作文艺作品等手段，充分发挥典型引领示范和辐射带动作用。开展多层次的优秀教师选树宣传活动，形成校校有典型、榜样在身边、人人可学可做的局面。组织教师中的"时代楷模"、全国教书育人楷模、国家教学名师、最美教师等开展师德宣讲。鼓励各地各校采取实践反思、情景教学等形式，把一线优秀教师请进课堂，用真人真事诠释师德内涵。

9. **突出规则立德，强化教师的法治和纪律教育**。以学习《中华人民共和国教师法》、新时代教师职业行为十项准则系列文件等为重点，提高全体教师的法治素养、规则意识，提升依法执教、规范执教能力。制订教师法治教育大纲，将法治教育纳入各级各类教师培训体系。强化纪律建设，全面梳理教师在课堂教学、关爱学生、师生关系、学术研究、社会活动等方面的纪律要求，依法依规健全规范体系，开展系统化、常态化宣传教育。加强警示教育，引导广大教师时刻自重、自省、自警、自励，坚守师德底线。

四、将师德师风建设要求贯穿教师管理全过程

10. **严格招聘引进，把好教师队伍入口**。规范教师资格申请认定，完善教师招聘和引进制度，严格思想政治和师德考察，充分发挥党组织的领导和把关作用，建立科学完备的标准、程序，坚决避免教师招聘引进中的唯分数、唯文凭、唯职称、唯论文、唯帽子等倾向。鼓励有条件的地方和学校结合实际探索开展拟聘人员心理健康测评，作为聘用的重要参考。严格规范教师聘用，将思想政治和师德要求纳入教师聘用合同。加强试用期考察，全面评价聘用人员的思想政治和师德表现，对不合格人员取消聘用，及时解除聘用合同。高度重视从海外引进人才的全方位考察，提升人才引进质量。

11. **严格考核评价，落实师德第一标准**。将师德考核摆在教师考核的首要位置，坚持多主体多元评价，以事实为依据，定性与定量相结合，提高评价的科学性和实效性，全面客观评价教师的师德表现。发挥师德考核对教师行为的约束和提醒作用，及时将考核发现的问题向教师反馈，并采取针对性举措帮助教师提高认识、加强整改。强化师德考核结果的运用，师德考核不合格者年度考核应评定为不合格，并取消在教师职称评聘、推优评先、表彰奖励、科研和人才项目申请等方面的资格。

12. **严格师德督导，建立多元监督体系**。完善多方广泛参与、客观公正科学合理的师德师风监督机制。加强政府督导，将各级各类学校师德师风建设长效机制落实情况作为对地方政府履行教育职责评价的重要测评内容，针对群众反映强烈的问题、师德师风问题多发的地方开展专项督导。加强学校监督，各级各类学校要在校园显著位置公示学校及教育主管部门举报电话、邮箱等信息，依法依规接受监督举报。强化社会监督，探索建立师德师风监督员制度，定期对学校师德师风建设情况进行监督评议，向教育主管部门反馈，将监督评议情况作为学校及领导班子年度考核的重要内容。

13. **严格违规惩处，治理师德突出问题**。推动地方和高校落实新时代教师职业行为十项准则等文件规范，制定具体细化的教师职业行为负面清单。把群众反映强烈、社会影响恶劣的突出问题作为重点从严查处，针对高校教师性骚扰学生、学术不端以及中小学教师违规有偿补课、收受学生和家长礼品礼金等开展集中治理。一经查实，要依规依纪给予组织处理或处分，严重的依法撤销教师资格、清除出教师队伍。建立师德失范曝光平台，健全师德违规通报制度，起到警示震慑作用。建立并共享有关违法信息库，健全教师入职查询制度和有关违法犯罪人员从教限制制度。

五、着力营造全社会尊师重教氛围

14. **强化地位提升，激发教师工作热情**。制定教育改革发展和教师队伍建设重大决策、重要文件充分听取教师代表意见。各地重要节庆日活动，邀请优秀教师代表参加。做好优秀教师表彰奖励，依法依规在作出重大贡献、享有崇高声誉的教师中开展"人民教育家"荣誉称号评选授予工作，健全教书育人楷模、模范教师、优秀教师等多元的教师荣誉表彰体系。完善表彰奖励及管理办法，依法依规确定荣誉获得者享受的政治、生活待遇，加强对荣誉获得者后续支持服务。

15. **强化权利保护，维护教师职业尊严。**维护教师依法执教的职业权利，推动完善相关法律法规，明确教师教育管理学生的合法职权，研究出台教师惩戒权办法。学校和相关部门依法保障教师履行教育职责，对无过错但客观上发生学生意外伤害的，教师依法不承担责任。教师尊严不可侵害，对发生学生、家长及其亲属等因为教师履职行为而对教师进行侮辱、谩骂、肢体侵害，或者通过网络对教师进行诽谤、恶意炒作等行为，有关部门要高度重视，从严处理，构成违法犯罪的，依法追究相应责任。学校及教育部门应为教师维护合法权益提供必要的法律等方面支持。

16. **强化尊师教育，厚植校园师道文化。**从幼儿园开始加强尊师教育，加快形成接续我国优秀传统、符合时代精神的尊师重教文化。推进尊师文化进教材、进课堂、进校园，通过尊师第一课、9月尊师主题月等形式，将尊师重教观念渗透进学生的价值体系。有条件的地方和学校可结合实际统筹有关资源，因地制宜安排一线教师特别是长期从教教师进行疗休养，重点向符合条件的班主任和乡村教师倾斜。做好教师荣休工作，礼敬退休教师，弘扬尊师风尚。建立健全教职工代表大会制度，保障教师参与学校决策的民主权利。加强家庭教育，健全家校联系制度，引导家长尊重学校教育安排，尊敬教师创造发挥，配合学校做好学生的学习教育。

17. **强化各方联动，营造尊师重教氛围。**加强展现新时代教师风貌的影视文学作品创作，善用微博、微信、微视频、微电影等新媒体形式，传递教师正能量，让全社会广泛了解教师工作的重要性和特殊性。支持鼓励行业企业在向社会公众提供服务时"教师优先"。鼓励图书馆、博物馆、科技馆、体育场馆以及历史文化古迹和革命纪念馆（地）等对教师实行优待。鼓励社会团体、企业、民间组织对教师出资奖励，或通过依法成立基金、设立项目等方式，支持教师提升能力素质、进行疗休养或予以奖励激励。

六、推进师德师风建设任务落到实处

18. 加强工作保障,强化责任落实。各地各校要把加强师德师风建设、弘扬尊师重教传统作为教师队伍建设的首要任务,夯实学校主体责任,压实学校主要负责人第一责任人责任。高校要强化党委教师工作部建设,明确将教师思想政治和师德师风建设作为其主要职责。各地各校要建立健全责任落实机制,坚持失责必问、问责必严。财政部门要坚持将教师队伍建设作为教育投入重点予以优先保障,按规定统筹现有资金渠道支持师德师风建设。依托现有资源,建设一批师德师风建设基地,加强工作支撑,提高师德师风建设工作的科学性、实效性。

教育部 中央组织部 中央宣传部 国家发展改革委 财政部

人力资源社会保障部 文化和旅游部

2019 年 11 月 15 日

后 记

师德是一种品质，这种品质的显现，使人们能够严格履行其定义明确的社会角色所要求的义务。师德是一种获得性人类品质，这种品德的拥有和践行，使我们能够获得实践的内在利益，缺乏这种品德，就无从获得这些利益。师德是教师的群体行为中呈现出来的比较稳定的、一贯的道德特点和倾向，是一定社会的道德原则和规范在教师群体思想与行为中的体现，使教师能够严格履行其定义明确的社会角色所要求的义务。

生命是一场追求意义的搏斗，缺乏意义追寻，仅仅讲授一套规范和原则，那么，品德的培养就会落空。缺乏意义，只是空心人，缺乏内涵，缺乏内在世界的丰富与信仰。面对新的机遇与挑战，内蒙古地区的大学教师要明辨是非、恪守正道，不人云亦云、盲目跟风；面对外部诱惑，要保持理性，拒绝投机取巧，远离自作聪明；面对生活，要常怀感恩之心，感恩所拥有的一切；面对世界，要有"恻隐之心，羞恶之心，辞让之心，是非之心"。要在奋斗中磨练自我，不断丰富自我的道德素养，涵养自我的道德品性，提升自我的道德境界，做一个道德高尚的人。

本书是内蒙古哲学社会科学规划项目"新时代内蒙古地区大学师德建设研究"（2018NDA028）以及"内蒙古高等学校科技人才项目"（NJYT22026）的研究成果。本书获得"内蒙古师范大学七十周年校庆学术著作出版基金"资助，在此对学校的鼓励和支持表示衷心的感谢！本书能够顺利出版，离不开编辑老师的辛苦付出，在此对中国纺织出版社有限公司的编辑老师表示衷心的感谢。

本书在撰写过程中难免存在不妥之处，敬请各位专家、学者以及同行批评指正，不吝赐教！